PRAXISHILFEN FÜR DEN KINDERGARTEN

Renate Lüber
unter Mitarbeit
von Hildegard Enderle
und Barbara Schmid

Stichwort »Planung« 3

St. Martin

St. Nikolaus

Weihnachtszeit

Herder Freiburg · Basel · Wien

Anmerkungen
Eigene Ideen
Notizen

Sankt Martin

Gespräche

- Am 11. November feiern wir „Martinstag“.
  Den Namen gab ihm der Heilige Martin, der um das Jahr 316 in dem von den Römern besetzten Sabaria geboren wurde (im heutigen Ungarn). Er wurde, wie sein Vater, Offizier im römischen Legionsheer. Im Jahre 334 reitet er durch die römische Provinz Gallien. Er begegnet einem Bettler, der frierend und in Lumpen gekleidet am Wegrand sitzt. Martin teilt mit dem Schwert seinen Mantel und gibt eine Hälfte dem Bettler. Nachts im Traum erscheint ihm Jesus. Martin erkennt in ihm den Bettler, weil er des Mantels Stück als Kleid trägt, und Jesus spricht zu ihm: „Was du diesem Bettler gegeben hast, das hast du mir getan.“ Martin wird zum Priester geweiht. Er erbaut das erste Kloster des Abendlandes. 371 wurde er Bischof von Tours in Frankreich, lebte jedoch weiterhin als Mönch in Armut. Er starb am 8. November 397. Über seinem Grab wurde erst eine einfache Kirche, später der Dom von Tours errichtet.
- Mit dem Martinstag kündigt sich die bevorstehende dunkle Winterszeit an. Früher begann mit diesem Tag das 40 Tage dauernde Weihnachtsfasten.
  Auch endete an Martini das bäuerliche Arbeitsjahr. Knechte und Mägde konnten ihre Stelle wechseln. Der Pachtzins war fällig, neues Vieh wurde gekauft, man hatte den Ertrag aus dem Verkauf der Ernte – Schlachtfest wurde gefeiert. An den „Martinsschmaus“ erinnern noch die Martinswecken und die Martinsgans.
- Zur Erinnerung an den großherzigen Reiter, der ein Symbol der Nächstenliebe darstellt, feiern die Kinder Sankt Martin.
  Die Martinsumzüge sind seit 1886 aus dem Rheinland kommend bekannt.
- Nach dem Laternenumzug beginnt vielerorts der erste der vorweihnachtlichen „Heische-Bräuche“, indem die Kinder mit Reimen und Liedern von Haus zu Haus ziehen, um Gaben zu erbitten (z. B. im Raum Hannover, in der Schweiz ...)
- Gesprächsschwerpunkt „vom Teilen“ – wie wir was, mit wem, teilen können.

Die aufgeführten Gesprächspunkte dienen als Information für die Erzieherin, aus der sie sich das Passende für ihre Gruppe aussortieren und es dann in kindgerechter Weise anbieten kann.

Ausgang

Laternenumzug

Besuch im Planetarium

Rollenspiel

Wir spielen die Martinslegende – z. B. als Schattenspiel.

Teilen

Freude austeilen, wem, womit,
z. B. Besuch am Altennachmittag – selbstgebastelten Tischschmuck mitbringen (z. B. Tischleuchten oder Martinsgänse).

Anmerkungen
Eigene Ideen
Notizen

Hefeteig sollte frisch gebacken verzehrt werden. – Mürbteig läßt sich vorbacken, eventuell mit Hilfe der Eltern.

Backen

Martinsgänse – Martinsbrezeln

Wir backen Martinsgänse oder Martinsbrezeln aus Hefeteig.

Zutaten: auf 500 g Mehl
25 g Hefe
⅛ bis ¼ l Milch
1 Prise Salz
60 bis 80 g Zucker
80 g Fett (weich)
Schale von ½ Zitrone

oder: auf 500 g feingemahlenes Weizenvollkornmehl
30 g frische Preßhefe oder 1 Trockenhefe
¼ l lauwarme Milch
Salz
60 g flüssige Butter oder neutrales Pflanzenöl
1 Eßl. Honig
1 Ei
fein abgeriebene Zitronenschale

Martinsgänse aus Mürbteig:

Zutaten: 80 g Butter – schaumig rühren
100 g Zucker, 1 Ei – mitrühren
250 g Mehl
½ Teel. Backpulver – untermengen und schnell zusammenkneten
etwas Zitronenschale (ungespritzt)

Teig ca. 1 Std.
an kühlem Ort ruhen lassen!

Die jeweilige Backzeit ergibt sich aus der Gebrauchsanweisung-Rezeptbuch des Backofens.

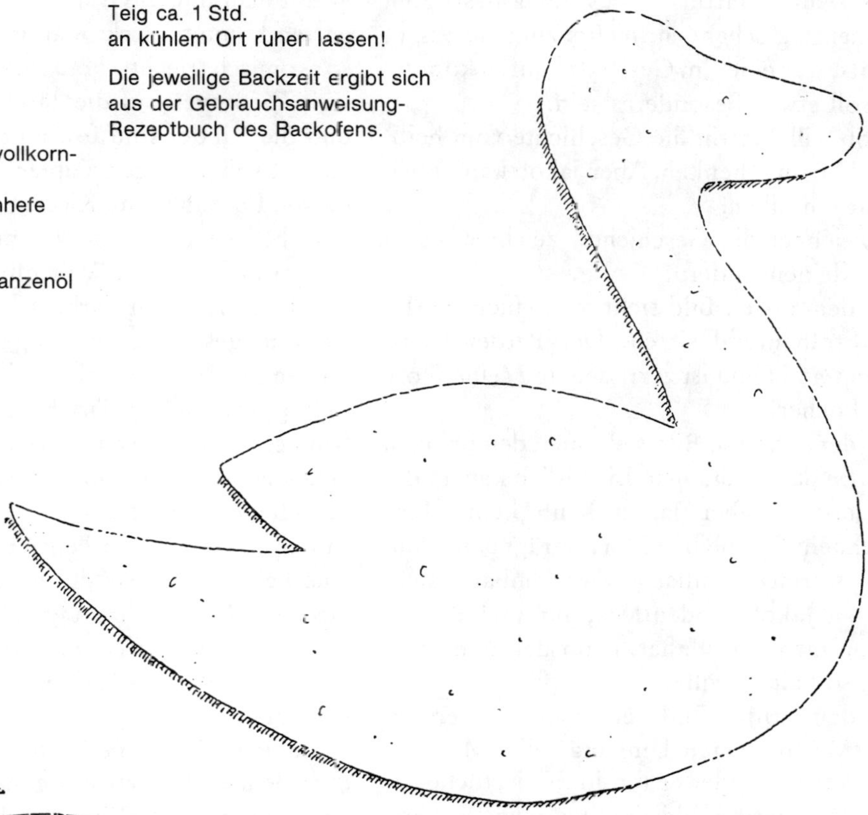

Martinsgans
Backen aus Mürbteig oder Hefeteig

Bilderbücher

„Martin und Markus mit dem Raben"
von W. Führmann / I. Schmitt-Menzel. Echter Verlag

„Martinus teilt den Mantel"
von R. Schindler / H. Heyduck-Huth. Verlag Kaufmann

„Papa bitte hol mir den Mond vom Himmel"
von Eric Carle. Verlag Gerstenberg

„Der kleine Mondbär"
von Frank Asch. Verlag Herder

„Laterne, Laterne"
von Mary Rahn / Barbara Cratzius. Ravensburger

„Heute ist Laternenfest"
von Gisela Walter. Ravensburger

„Ich geh' mit meiner Laterne"
von Rüdiger Müller. Christophorus-Verlag

Dias

Manche Film- und Bildstellen bieten passende Dias an.

Anmerkungen
Eigene Ideen
Notizen

Geschichten

Martin

Jakob hat einen Freund. Martin heißt er. Jakob will Martin etwas Schönes zum Namenstag schenken; nichts zum Aufessen, nichts, was einer im Geschäft kaufen könnte. Es soll etwas Besonderes sein.
Jakob will Martin die Geschichte vom heiligen Martin schenken. Aber Jakob kann noch nicht schreiben.
Er zeichnet die Geschichte, zeichnet sie in vier kleinen Bildern.
Auf dem ersten Bild sieht man einen Bettler am Straßenrand sitzen. Der Bettler friert, denn sein Hemd ist zerrissen und seine Hose hat Löcher.
Auf dem zweiten Bild sieht man den heiligen Martin daherkommen. Eigentlich kam er dahergeritten, aber Jakob kann kein Pferd zeichnen. Der heilige Martin trägt einen langen, warmen Umhang. Der Umhang sieht aus wie Jakobs Lodenfleck, nur noch dicker. Wenn man den umhat, kann der Wind blasen, so kalt er will.
Auf dem dritten Bild sieht man, wie der heilige Martin seinen Umhang teilt. Mit dem Schwert schneidet er ihn in zwei Stücke.
Auf dem vierten Bild sieht man, wie der heilige Martin dem Bettler den halben Umhang schenkt. Jakob zeichnet zwei Blasen, eine vor dem Mund des Bettlers, eine vor dem Mund des heiligen Martin. Dann geht er zu seiner Mutter und sagt ihr, was sie in die Blasen hineinschreiben soll. „Danke!" steht in der einen Blase. „Ist doch selbstverständlich!" steht in der anderen Blase.
Am Martinstag besucht Jakob seinen Freund und gibt ihm das Bild. Martin zeigt Jakob die anderen Geschenke: eine Mütze, ein kleines Puzzlespiel und eine große Schokolade. Aber Jakobs Bildgeschichte vom heiligen Martin ist das schönste Geschenk.
„Der Martin", sagt Jakob, „der war einer, der alles geteilt hat."
Martin schaut seine Geschenke an. Eine Mütze kann man nicht teilen, höchstens herleihen. Ein Puzzle kann man nicht teilen, höchstens zu zweit zusammenbauen. Aber die Schokolade –
Martin teilt sie und gibt Jakob die Hälfte.
„Danke!" sagt Jakob.
„Ist doch selbstverständlich!" sagt Martin.

Lene Mayer-Skumanz

Martin, aus:
„Das Kindernest",
Verlag Herder

Hannes Laterne

Aus:
Christine Merz,
„Was Kinder bewegt" –
Herbst,
Verlag Herder

Feuer ist gefährlich

Wenn man in den Gruppenraum im Kindergarten kommt, merkt man gleich, daß es da so komisch riecht. Frau Steffen hat viele, viele Zeitungen auf die Tische ausgebreitet, und die Kinder sind fest an der Arbeit. Auf einen großen Bogen Papier tropfen sie mit dicken Pinseln bunte Kleckse auf. Dann verstreichen sie die Farbe, nehmen einen alten Kamm und machen Wellenlinien.
Die Kinder, deren Farbe schon trocken ist, weil sie gestern schon angefangen haben, dürfen die Blätter einölen. „Damit sie durchsichtig werden", erklärt Heike der jüngeren Sabine. Und die weiß jetzt endlich, was im Gruppenraum so komisch riecht: Das Öl, das Heike benützt.
In der Ecke vor dem Fenster steht schon so eine Laterne, wie sie die Kinder dieses Jahr machen. Am Nachmittag, als es dämmert, zündet Frau Steffen das kleine Licht an. Warm leuchten die Farben den Kinderaugen entgegen.
„Und wann ist meine fertig?" fragt Hannes.
„Ich denke, daß wir morgen alle ölen können, übermorgen kleben wir das Papier dann um die Käseschachtel, und dann fehlt nur noch der Draht zum Aufhängen", sagt Frau Steffen. „Es reicht schon noch bis zum Laternenfest!"
Hannes ist beruhigt. Er war Anfang der Woche krank, und nun hatte er schon Angst, daß seine Laterne nicht mehr rechtzeitig fertig werden würde.
Vor dem Laternenumzug nimmt Frau Steffen noch einmal alle Kinder zusammen. – „Paßt gut auf", sagt sie, „daß die Laterne nicht so weit auf den Boden hängt und wenn eine anfangen sollte zu brennen, dann werft sie schnell weit weg – ja? Und singt auch fest mit!"
Die Kindergartenkinder stellen sich auf, und dann setzt sich der lange Zug von leuchtenden Laternen in Bewegung. Hannes und Klaus laufen nebeneinander. Sie singen laut: „Mein Licht geht aus, ich geh nach Haus, rabimmel, rabammel, rabumm", und Hannes fügt hinzu „bumm bumm". Die beiden sehen sich immer wieder um. Hannes Mama hat gesagt, daß sie kommt, aber sie ist immer noch nicht da. „Komm wir gehen ganz am

Schluß", sagt Hannes, „dann sehen wir sie gleich, wenn sie hinter uns hergerannt kommt!" Beide Buben trotteln jetzt hinter dem Laternenzug her und lassen sich Zeit. Schon ist die Spitze des Zuges hinter einer Ecke verschwunden. Von Hannes Mutter ist immer noch keine Spur. „Dann rennen wir jetzt wieder zu den andern!" sagt Klaus, und sie laufen mit der Laterne in der Hand los. Die Laternen schwanken durch die großen Schritte bedenklich hin und her. Auf einmal gibt es einen kleinen Knall. Hannes ist gestürzt. Den Laternenstecken hält er noch krampfhaft fest. Seine Laterne liegt auch am Boden und fängt sofort an zu brennen. Lichterloh brennt sie. Vor Schreck vergißt Hannes, die Laterne wegzuschubsen. Aber Klaus sieht die Flamme und zieht Hannes am Ärmel weg. Der hat auch seinen ersten Schrekken überwunden und jetzt den Stecken losgelassen. Er rappelt sich hoch, und die beiden Buben stehen zwei Meter neben der brennenden Laterne und sehen zu, wie sie immer weniger wird und auch die Flamme kleiner und kleiner. Jetzt glimmt nur noch ein Stück von der Käseschachtel.

Da steht auf einmal Hannes Mama da. Sie tritt mit ihrem dicken Winterstiefel in den Rest der Laterne. „Wie ist denn das passiert!" fragt sie die Jungen. Klaus erzählt alles. Hannes steht da, und ihm ist jetzt gar nicht froh zumute. Ohne Laterne beim Laternenumzug – ein schöner Mist.

Aber Mama tröstet ihn. „Komm, wir laufen jetzt erstmal zu den andern. Als Frau Steffen hört, was passiert ist, kriegt sie noch im nachhinein einen Schrecken. „Gut, daß ihr gleich weg seid von der brennenden Laterne", sagt sie, „und daß euch nichts passiert ist."

Inmitten dem singenden und leuchtenden Laternenumzug findet es Hannes nicht mehr so schlimm, daß er selbst keine Laterne mehr hat. Und sein Freund Klaus läßt ihn zum Schluß die seine auch nochmal ein kleines Stückchen tragen.

Christine Merz

Märchen

Die Sterntaler

Es war einmal ein kleines Mädchen, dem waren Vater und Mutter gestorben, und es war so arm, daß es kein Kämmerchen mehr hatte, darin zu wohnen, und kein Bettchen mehr, darin zu schlafen, und endlich gar nichts mehr als die Kleider auf dem Leib und ein Stückchen Brot in der Hand, das ihm ein mitleidiges Herz geschenkt hatte. Es war aber gut und fromm. Und weil es so von aller Welt verlassen war, ging es im Vertrauen auf den lieben Gott hinaus ins Feld. Da begegnete ihm ein armer Mann, der sprach: „Ach, gib mir etwas zu essen, ich bin so hungrig." Es reichte ihm das ganze Stückchen Brot und sagte: „Gott segne dir's", und ging weiter. Da kam ein Kind, das jammerte und sprach: „Es friert mich so an meinem Kopfe, schenk mir etwas, womit ich ihn bedecken kann."

Da tat es seine Mütze ab und gab sie ihm. Und als es noch eine Weile gegangen war, kam wieder ein Kind und hatte kein Leibchen an und fror, da gab es ihm seins; und noch weiter, da bat eins um ein Röcklein, das gab es auch von sich hin. Endlich gelangte es in einen Wald, und es war schon dunkel geworden, da kam noch eins und bat um ein Hemdlein, und das fromme Mädchen dachte: ‚Es ist dunkle Nacht, da sieht dich niemand, du kannst wohl dein Hemd weggeben', und gab es auch noch hin. Und wie es so stand und gar nichts mehr hatte, fielen auf einmal die Sterne vom Himmel und waren lauter harte, blanke Taler; und ob es gleich sein Hemdlein weggegeben, so hatte es ein neues an, und das war vom allerfeinsten Linnen. Da sammelte es sich die Taler hinein und war reich für sein Lebtag.

Brüder Grimm

Reime

Sonne Mond und Sterne
ich geh' mit meiner Laterne.
Meine Laterne ist hübsch und fein,
darum geh' ich mit ihr ganz allein.

*

Dort am Himmel ferne
sehn wir Mond und Sterne.
Der liebe Gott hat sie gemacht,
daß sie uns leuchten in der Nacht.

*

Und wieder ist St. Martinstag.
Der Herbst geht um im Land.
Laternen leuchten farbenfroh,
ganz viele sind entbrannt.
St. Martin teilt den Mantel still,
als er den Armen sah.
Und arme Menschen gibt es viel,
wo bleibt St. Martin da?
Da braucht er dich,
da braucht er mich,
die großen und die kleinen.
Ja heute ist St. Martinstag.
Macht mit und kommt herein.

Abends, wenn es dunkel wird
und die Fledermaus schon schwirrt,
gehn wir mit Laternen aus
in den Garten hinterm Haus,
und im Auf- und Niederwallen
lassen wir das Lied erschallen:
Laterne, Laterne,
Sonne, Mond und Sterne!

Wie so lieblich aus dem Grün
fern und nah die Lichter glühn
schimmern auf den hellen Steig,
spiegeln sich im schwarzen Teich!
Rosig aus dem Dunkeln leuchtet
manche Blume, taubefeuchtet.
Laterne, Laterne,
Sonne, Mond und Sterne.

Plötzlich aus dem Wolkentor
kommt der gute Mond hervor.
Wandelt seine Himmelsbahn
als ein Hauptlaternenmann,
leuchtet bei dem Sterngefunkel
lieblich aus dem blauen Dunkel.
Laterne, Laterne,
Sonne, Mond und Sterne.

Ei, nun gehen wir nach Haus,
blasen die Laternen aus.
Lassen Mond und Sternlein
leuchten in der Nacht allein,
bis die Sonne wird erwachen,
alle Lampen auszumachen.
Laterne, Laterne,
Sonne, Mond und Sterne.

In bestimmten Gegenden gehen die Kinder an St. Martin von Haus zu Haus, sagen einen Vers auf und erbitten Gaben.

Es gibt viele Steine und Wurzeln,
ich könnte leicht darüber purzeln,
Würstli raus, Würstli raus,
Glück und Segen in das Haus.

(aus der Schweiz)

Anmerkungen
Eigene Ideen
Notizen

„Abends wenn es dunkel wird"
Das sich wiederholende „Laterne, Laterne" kann zur Auflockerung gesungen werden.

Ich muß durch einen finsteren Wald,
ich hab' keine Joppe, es ist so kalt.
Ich muß noch über Stock und Stein,
ich könnte auch gar leicht brechen ein Bein.
Ich hab' gehört, ihr habt geschlacht?
Ich habe Hunger und auch Durst
auf eine lange Leberwurst.
(aus der Altmark)

*

Martinus schenkt guten Most
und hat dabei viel gute Kost.
Auf Martin schlacht man feinste Schwein,
auch wandelt sich der Most zu Wein.
Man ißt dann auch gebratene Gans
und trinkt den Most halb oder ganz.
(Hannover)

Rätsel

Kommt die Dämmerung übers Land,
werden Lichtlein angebrannt.
Du kannst sie am Himmel sehn –
leuchten sie nicht gar zu schön?
Schaust am Morgen du nach dort –
dann sind alle Lichtlein fort.
(Sterne)

Ich habe ein Laternchen
und leuchte wie ein Sternchen,
flieg' leise durch die Nacht
bis der Tag hell erwacht.
Dann schlafe ich im Grase,
bin viel kleiner als ein Hase.
Und willst du mich kriegen,
nur im Sommer kann ich fliegen.
(Leuchtkäfer)

Ich bin ein kleines Männchen,
hab' einen runden Kopf
und streicht man mir das Köpfchen,
so brennt der ganze Schopf.
(Zündholz)

Lieder

Ich geh' mit meiner Laterne

aus Holstein

2. Ich geh' ... |: Der Martinsmann, der zieht voran! Rabimmel ... :|
3. Ich geh' ... |: Ich trag' mein Licht, ich fürcht' mich nicht! Rabimmel ... :|
4. Ich geh' ... |: Mein Licht ist schön, könnt ihr es sehn! Rabimmel ... :|
5. Ich geh' ... |: Wir leuchten heut, zu jeder Freud! Rabimmel ... :|
6. Ich geh' ... |: Wenn jeder singt, wie schön das klingt! Rabimmel ... :|
7. Ich geh' ... |: Ein Kuchenduft liegt in der Luft! Rabimmel ... :|
8. Ich geh' ... |: Beschenkt uns heut, ihr lieben Leut! Rabimmel ... :|
9. Ich geh' ... |: Laternenlicht, verlösch noch nicht! Rabimmel ... :|
10. Ich geh' ... |: Mein Licht ist aus, wir gehn nach Haus! Rabimmel ... :|

St. Martin

2. |: Im Schnee saß, :| im Schnee da saß ein armer Mann,
hatt' Kleider nicht, hatt' Lumpen an.
„O helft mir doch in meiner Not,
sonst ist der bittre Frost mein Tod!"

3. |: Sankt Martin, :| Sankt Martin zieht die Zügel an,
das Roß steht still beim armen Mann.
Sankt Martin mit dem Schwerte teilt
den warmen Mantel unverweilt.

4. |: Sankt Martin, :| Sankt Martin gibt den halben still,
der Bettler rasch ihm danken will.
Sankt Martin aber ritt in Eil
hinweg mit seinem Mantelteil.

Laterne, Laterne

Aus Norddeutschland

2. Laterne ... |: Sperrt ihn ein den Wind; :| er soll warten bis wir zu Hause sind!
3. Laterne ... |: Bleibe, hell mein Licht; :| sonst strahlt meine liebe Laterne nicht.

Anmerkungen
Eigene Ideen
Notizen

Ein armer Mann

Text: Rolf Krenzer/Melodie: Peter Janssens

Aus:
„Kommt alle
und seid froh", 1982.

2. Ihm ist so kalt. Er friert so sehr.
Wo kriegt er etwas Warmes her?
Er hört kein gutes Wort,
und jeder schickt ihn fort.
Er hört kein gutes Wort,
und jeder schickt ihn fort.

3. Der Hunger tut dem Mann so weh,
und müde stapft er durch den Schnee.
Er hört kein gutes Wort,
und jeder schickt ihn fort.
Er hört kein gutes Wort,
und jeder schickt ihn fort.

4. Da kommt daher ein Reitersmann,
der hält sogleich sein Pferd hier an.
Er sieht den Mann im Schnee
und fragt: „Was tut dir weh?"
Er sieht den Mann im Schnee
und fragt: „Was tut dir weh?"

5. Er teilt den Mantel und das Brot
und hilft dem Mann in seiner Not,
so gut er helfen kann.
Sankt Martin heißt der Mann.
Er hilft, so gut er kann.
Sankt Martin heißt der Mann.

6. Zum Martinstag steckt jedermann
leuchtende Laternen an.
Vergiß den andern nicht,
drum brennt das kleine Licht.
Vergiß den andern nicht,
drum brennt das kleine Licht.

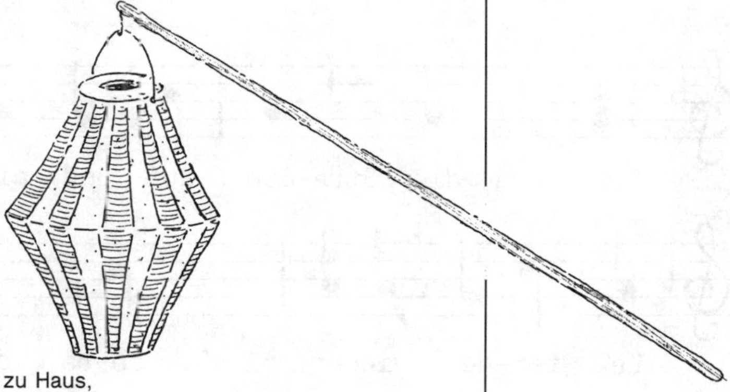

In bestimmten Gegenden laufen die Kinder an St. Martin von Haus zu Haus, singen Lieder und erbitten Süßigkeiten.

Ich bin ein kleiner König

vom Niederrhein

Anmerkungen
Eigene Ideen
Notizen

Liebe Leute, gebt mir was

2. Printen, Spekulatius, Bonbons in Papierchen, –
Simmel–sammel–rumdibos –
Äpfel – ohne Tierchen!*

Schluß:

Liebe Leute, gebt mir was, denn ich muß noch weiter! –
Simmel–sammel–rumdibas –
Bleibt gesund und heiter!

* Gemeint sind Apfelwürmer.

Durch die Straßen

Text: Liselotte Holzmeister / Melodie: Richard Rudolf Klein

2. Wie die Blumen in dem Garten blühn Laternen aller Arten:
3. Und wir gehen lange Strecken mit Laternen an den Stecken:

Aus:
Fidula-Cassette 27, „Martins- und Laternenlieder“, Fidula-Verlag, Boppard/Rhein

Weitere Lieder

Siehe: **„Martins- und Laternenlieder“**, Fidula-Verlag

Anmerkungen
Eigene Ideen
Notizen

Kreisspiele

Wulle, wulle Gänschen

Spielvorschlag:
Ein Kind ist die Königin – die übrigen Kinder die Gänslein. Ab „Komm, du, meine Graue ...“ wählt sich die Königin nacheinander fünf Gänslein (Kinder) aus. Nun kann das Spiel, so oft wie gewünscht, mit einer neuen Königin wiederholt werden.

2. Komm, du, meine Graue,
und du, meine Blaue,
und du mit dem dicken Schopf
und du mit dem langen Zopf
|: und du, schwarzer Peter,
gi, ga, gack. :|

3. Seht, da ziehn die fünfe
ohne Schuh und Strümpfe.
Hei, wie ist die Welt so schön,
wenn die Gänslein barfuß gehn,
|: selbst im kalten Winter,
gi, ga, gack. :|

4. Schniebel, Schnabel, Schnäbel,
kommt der Herbst mit Nebel,
Gänsebraten, Gänsefett,
weiche Federn für das Bett.
|: Freun sich alle Kinder,
gi, ga, gack. :|

Im Keller ist es dunkel

Anmerkungen
Eigene Ideen
Notizen

Singspiel

Es ging ein Kind durch den dunklen Wald

Text und Melodie:
Hans Poser (1958)

Aus: „Märchenlieder“, Fidula-Verlag, Boppard/Rhein

2. Es ging …
   Kam ein armer Mann,
   hat kein Röcklein an,
   da hat’s das Kind gegeben.
3. Es ging …
   Kam ein Büblein arm,
   hat kein Strümpflein warm,
   da hat’s das Kind gegeben.
4. Es ging …
   Kam ein andrer Bu,
   der hat keinen Schuh,
   da hat’s das Kind gegeben.
5. Es ging …
   Kam ein Mägdelein,
   hat kein Hemdelein,
   da hat’s das Kind gegeben.
6. Da fallen die Sternlein vom Himmel herunter,
   und alles ist gut, und alles ist gut.
   Und das Kind hat ein neu weißes Hemdelein.

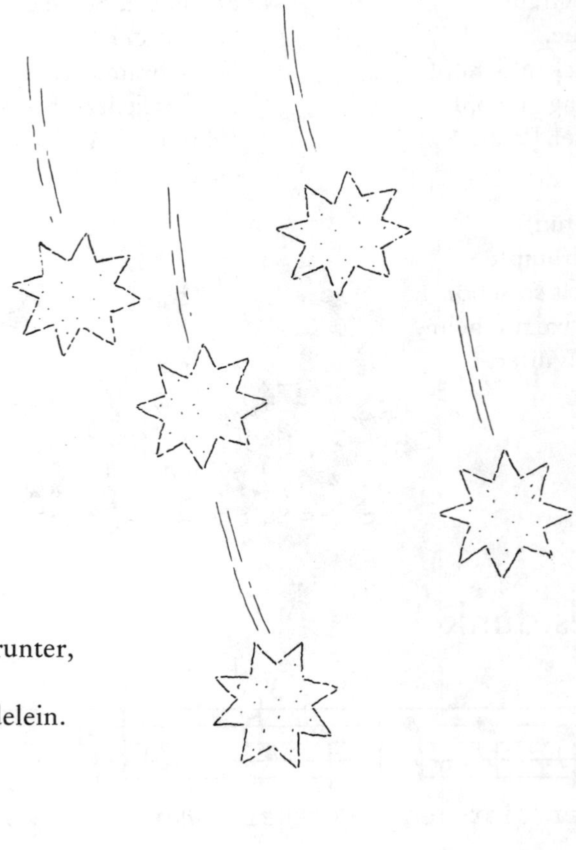

Schluß der letzten Strophe:

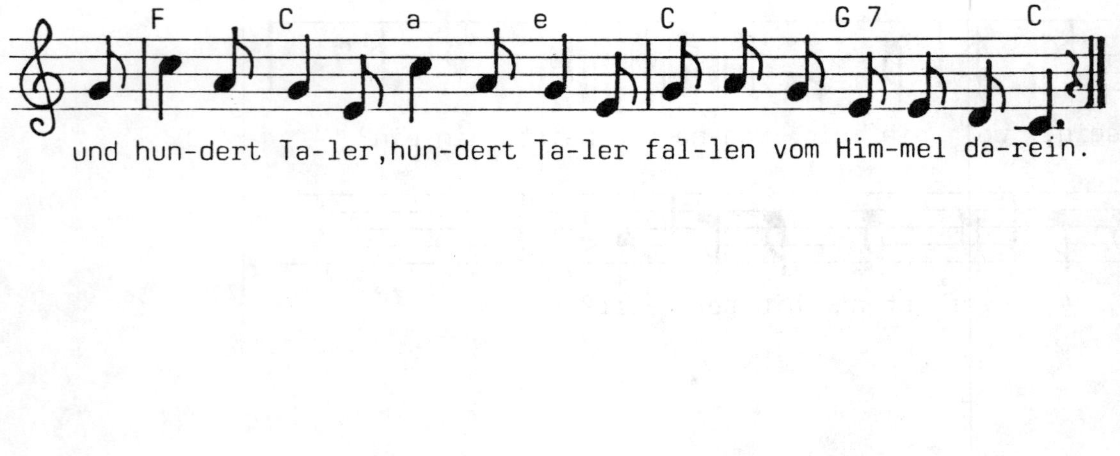

Anmerkungen
Eigene Ideen
Notizen

Zu „Martinslaternen“: Technik und Schwierigkeitsgrad hängen davon ab, ob man die Laternen mit den Kindern allein oder mit Hilfe der Eltern herstellt.

Manuelles Gestalten

Vorschläge für Martinslaternen

▲
Material:
Pappboden (z. B. Käseschachtel)
Pappring als obere Abschlußkante
helles Transparentpapier
dunkleres Transparentpapier für Gänse, Mond und Sterne
Drahtbügel – Kerze

Das Transparentpapier kann auch mit Hilfe von:
Spritztechnik – Wasserfarben
Blastechnik – Wasserfarben
oder Tropftechnik – Wachs ausgeschmückt werden.

Material:
Pappboden
Pappring
Transparentpapier
weißer Karton für die Gans, ca. 10 cm höher und 20 cm breiter als die Laterne ist

Schnabel und Augen aufmalen.
Federn aufkleben.
Die zwei Ganshälften an Kopf und Schwanz zusammenkleben.
Drahtbügel für Stock befestigen.
– Kerze
▼

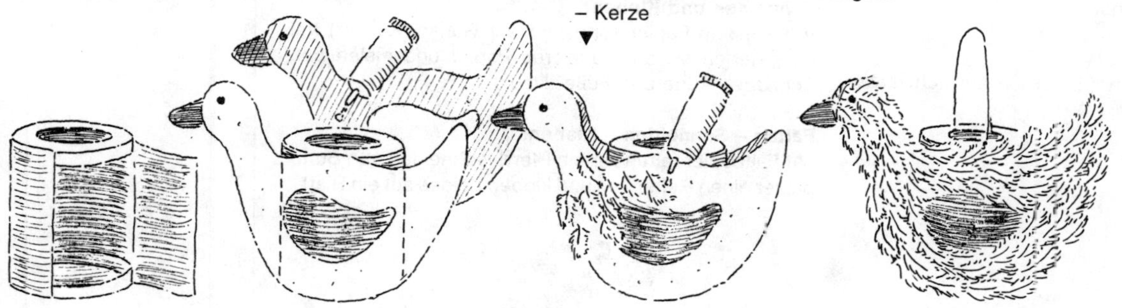

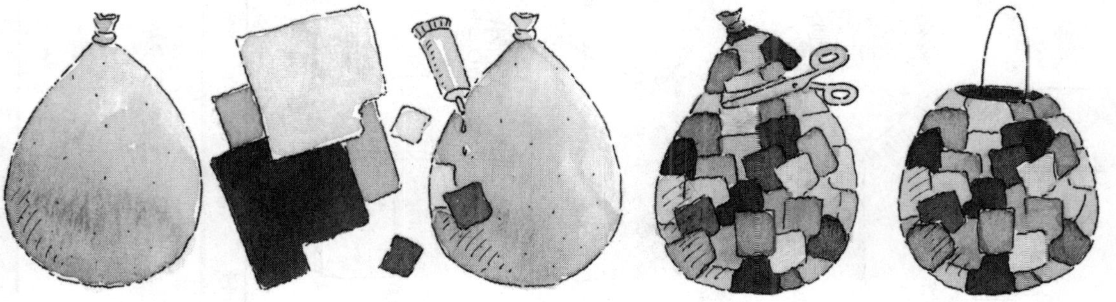

▲
Material:
runden Luftballon
aufgeblasen und fest zugebunden

Transparentpapier in kleine Stücke reißen oder schneiden, möglichst in hellen Farben,
Papierstücke bunt durcheinander, rundum mit Kleister aufkleben.
Diesen Vorgang wiederholen, so daß mehrere Schichten übereinander liegen.
Nach dem Trocknen Öffnung ausschneiden.
Drahtbügel – Kerze

Material:
Pappboden
Pappring
glänzende Metallfolie

Metallfolie auf Styroporplatte oder andere weiche Unterlage legen,
mit Nagel Ornamente durch die Folie stechen.
Drahtbügel – Kerze
▼

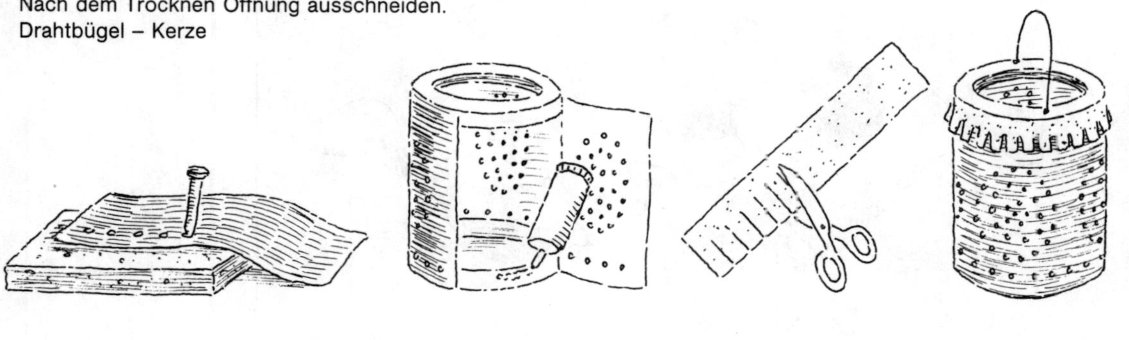

Anmerkungen
Eigene Ideen
Notizen

Scherenschnitte

Material:
schwarzes Papier – vierfach falten und mit Schere Muster ausschneiden – Transparentpapier dahinterkleben – Boden – Rand – Drahtbügel – Kerze.

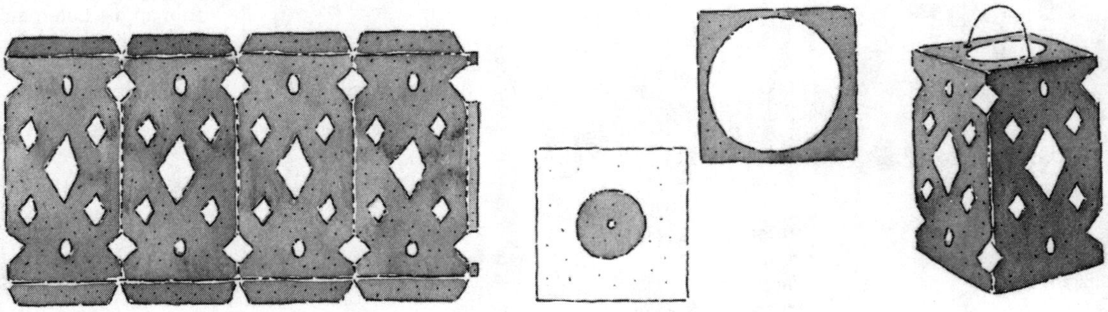

Malen:
Wir malen St. Martin auf seinem Pferd mit Buntstiften, Wachs- oder Wasserfarben.

Malen:
Wir malen St. Martin auf seinem Pferd mit Fingerfarben auf unser Gruppenraumfenster.

Malen:
Mit nasser Kreide malen wir Laternen auf schwarzes Papier (Mit Haarspray fixieren).

Kratztechnik:
Auf ein Blatt malen wir zwei Schichten mit Wachsfarben (unten gelb – oben schwarz) und kratzen dann mit einem Holz-, Plastik- oder Metallstäbchen Sonne, Mond und Sterne heraus.

Schneiden und Kleben:
Aus weißem Papier schneiden wir Gänse (Körper) frei aus, kleben sie auf dunkleres Papier und malen den Schnabel, Auge und Füße dazu.

Falten – Schneiden – Kleben:
Mit Faltpapier falten wir ein Pferd, schneiden aus Buntpapier einen Reiter aus und kleben beides auf ein Blatt.

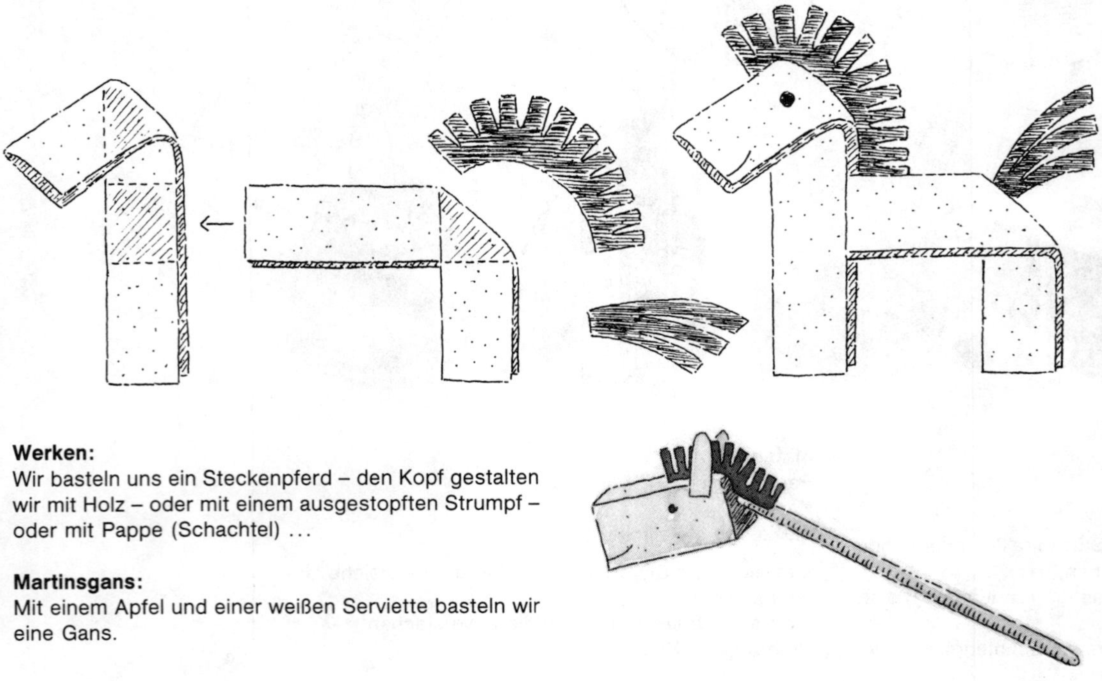

Werken:
Wir basteln uns ein Steckenpferd – den Kopf gestalten wir mit Holz – oder mit einem ausgestopften Strumpf – oder mit Pappe (Schachtel) ...

Martinsgans:
Mit einem Apfel und einer weißen Serviette basteln wir eine Gans.

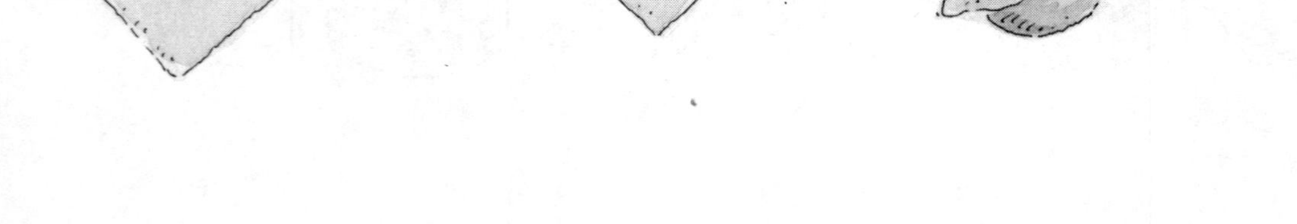

Anmerkungen
Eigene Ideen
Notizen

Gans:
Aus Pappe basteln wir eine Gans zum Füllen, (siehe Schablone).

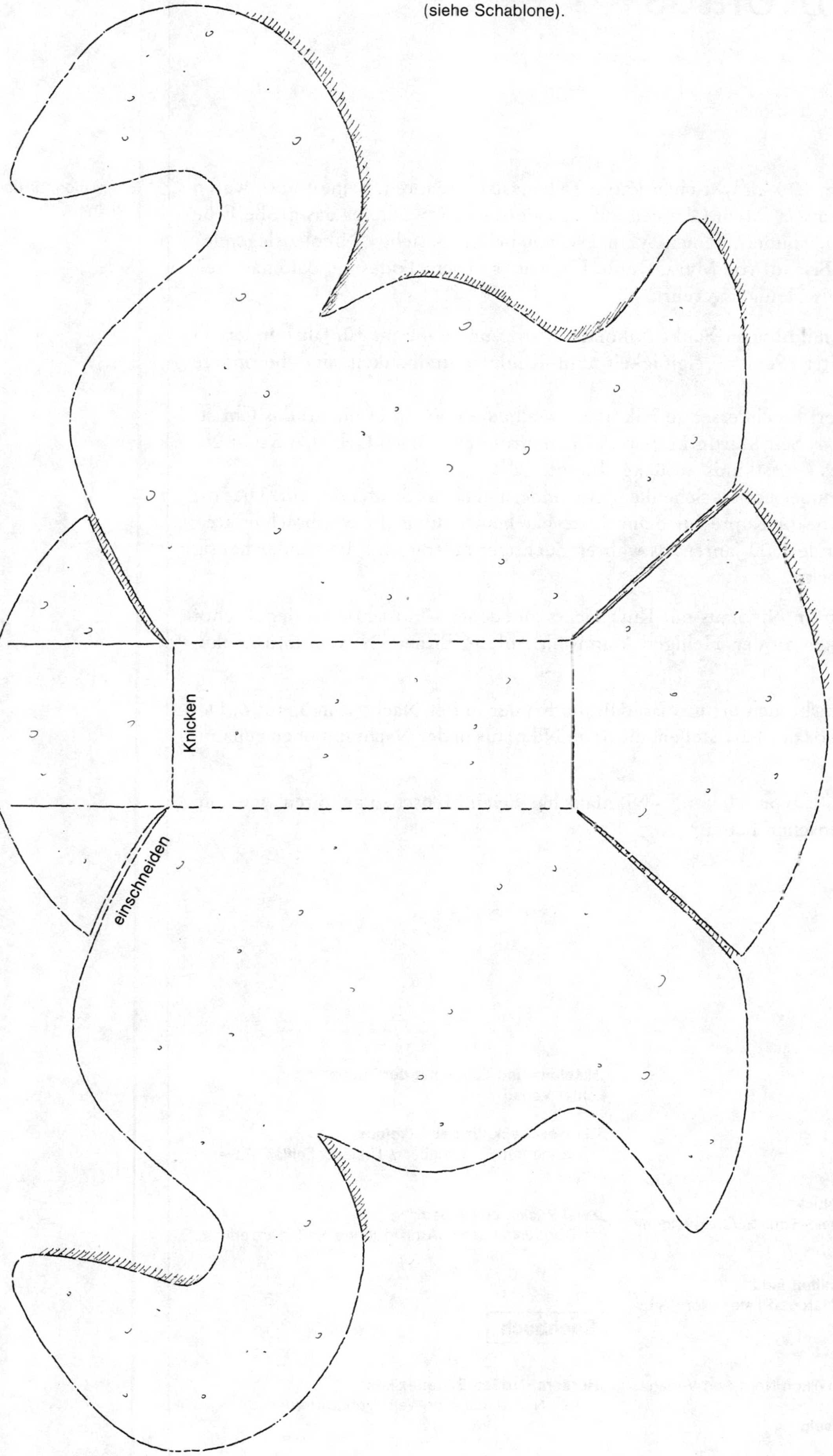

Anmerkungen
Eigene Ideen
Notizen

Sankt Nikolaus

Gespräche

Information für den Erzieher.

- Er wurde um das Jahr 270 im lykischen Patras (Kleinasien) geboren. Seine Eltern waren Christen, und er wuchs in ihrem Glauben auf. Als sie starben, wollte er das große Erbe nicht für sich haben, sondern seinen Mitmenschen helfen – siehe „Nikolauslegende" (Seite 17). Er wurde Bischof von Myra. Der 6. Dezember ist sein Todestag. Bald nach seinem Tod wurde er als Heiliger verehrt.
- Die Geschichte des mildtätigen Sankt Nikolaus wurde ungefähr im 10. Jahrhundert in Deutschland verbreitet. Seine Freigibigkeit und Kinderfreundlichkeit sind besondere Merkmale.
  Bis ins 16. Jahrhundert hinein ersetzte Nikolaus (wie heute noch in Holland) das Christkind als Gabenbringer. Seit Martin Luther wurde in protestantischen Gebieten Sankt Nikolaus zugunsten des Christkinds zurückgedrängt.
  Nikolaus trat nicht immer nur als Schenkender, sondern auch als Strafender auf. Dies oft in Begleitung von Knecht Ruprecht. Seine Rute hat heute nur mehr Symbolcharakter, während er vor 200 oder 300 Jahren als wahrer Züchtiger auftrat und die Kinder häufig fast zu Tode erschreckte.
- Im Kindergarten hat ein Nikolaus mit Rute nichts zu suchen – dort kommt der Bischof Nikolaus im Gedenken an den Heiligen Mann mit Äpfeln, Birnen, Nüssen und Lebkuchen.
- Ein beliebter Nikolausbrauch bei uns ist, daß die Kinder in der Nacht vom 5. auf 6. Dezember ihre Schuhe vor die Türe stellen, die dann Nikolaus in der Nacht mit oben genannten Gaben füllt.
- Gesprächsschwerpunkt „vom Helfen" – Nikolaus hat vielen Menschen geholfen, wie können wir anderen Menschen helfen?

Helfen

Aktionen unterstützen.

Bilderbücher

„St. Nikolaus"
Christophorus-Verlag

„Nikolaus und der dumme Nuck"
von Luise von der Crone / Heidi Schait. Verlag Middelhauve

„Wie St. Nikolaus einen Gehilfen fand"
von Kathrin Siegenthaler / Marcus Pfister. Nord-Süd-Verlag

„Sankt Nikolaus kommt"
von Konrad Richter / Józef Wilkoń Nord-Süd-Verlag

„Laßt uns froh und munter sein"
Christophorus-Verlag

„Nikolaus und Jonas mit der Taube"
Echter Verlag

„Ein Geschenk für den Nikolaus"
von Annegret Fuchshuber / Ursel Scheffler. Ravensburger

„Zwei Päckchen im Sack"
von Doris Jannausch / Arnhild Johne. Verlag ars edition

Sachbuch

„Herders Großes Bilderlexikon"
Siehe: „Nüsse aus aller Welt" Verlag Herder

Anmerkungen
Eigene Ideen
Notizen

Nikolauslegende

Lange, lange ist es her, viele hundert Jahre.
Da lebte ein braver Mann. Er lebte in Kleinasien.
Das ist weit von hier, weit über dem großen Meer.
Der Mann heißt Nikolaus. Er hat ein großes Haus;
er hat viel Geld, viele schöne Sachen.
Alles gehört ihm. Seine Eltern sind tot.
Von ihnen hat er alles bekommen. Was macht er wohl
mit dem Geld, den schönen Dingen?
Es gibt viele arme Kinder. Sie haben kein Bett.
Sie haben nichts zu essen. Nikolaus sieht die Kinder.
Er sieht noch mehr: Ein alter Mann friert;
sein Zimmer ist kalt. Eine arme Frau kommt;
ihr Kleid ist zerrissen. Einer hat keine Schuhe.
Einer ist krank. Da weiß Nikolaus: Ich muß ihnen helfen.
Wie macht er das wohl? Es ist Abend, still und dunkel.
Nikolaus schleicht aus dem Haus, leise geht er durch die
Gassen; zu den Kindern, den Armen.
Er steht vor einer Tür, legt einen Sack davor.
Er wirft etwas hinein. Es ist ein Beutel; darin ist Geld.
So geht es weiter, ganz leise. Die Armen sollen nichts
merken, nichts wissen, von wem das Gute ist.
Sie finden die Geschenke und sind froh. Wo kommt das her?
Niemand weiß es, nur Gott allein.
In der Stadt Myra stirbt der Bischof.
Die Leute sagen: Nikolaus soll jetzt Bischof sein.
Sie führen ihn in die Kirche. Sie ziehen ihm die Kleider an:
Das weiße Gewand, den Mantel, die hohe Mütze.
Sie geben ihm den Stab. Nikolaus ist Bischof.
Er liebt die Menschen. Ich will ein guter Vater sein:
Ihr seid meine Kinder, so sagt er zu ihnen.
Alle freuen sich, am meisten aber die Kinder.
Sie haben ihren Bischof gern. Oft schenkt er ihnen etwas,
Äpfel und Nüsse und Brot.
Einmal ist große Not. Es wächst nichts auf den Feldern.
Alle haben Hunger. – Sie kommen zu Nikolaus:
Hilf uns doch! Er fährt über das Meer.
Er bettelt für die Kinder, kauft Mehl für die Armen.
Dann fährt er zurück. Das Schiff ist voll.
Alle können essen, alle werden satt.
Nikolaus ist gut. Er wird allen Menschen helfen.
Alle haben ihn gern. Die Kinder, die Armen,
die Hungrigen kommen zu ihm.
Aber dann kommt ein Tag, da sind alle traurig.
Bischof Nikolaus ist tot.
Er ist zu Gott gegangen. Die Kinder fragen:
kommt er nicht mehr zu uns? Die großen Leute sagen ihnen:
Er ist im Himmel. Und sie beten zu ihm:
Heiliger Bischof Nikolaus, bitte für uns bei Gott!
Das ist schon lange her. Aber immer noch, jedes Jahr im Advent,
am Namenstag des Heiligen, denken wir an den guten Bischof Nikolaus.
Ein braver Mann besucht dann die Kinder. Er spielt den Bischof Nikolaus,
damit die Kinder wissen: Wir haben einen guten Freund.
Im Himmel bittet er für alle Kinder auf der ganzen Welt, der liebe, heilige Nikolaus.

Anmerkungen
Eigene Ideen
Notizen

Eine Legende vom heiligen Nikolaus

Aus:
Rolf Krenzer,
„Glauben erlebbar machen“,
Verlag Herder

Der heilige Nikolaus war ein Bischof, der den Armen half, wo er nur konnte. Besonders kümmerte er sich um die Kinder. Deshalb feiern wir jedes Jahr am 6. Dezember den Nikolaustag. Und die Geschenke, die uns der Nikolaus bringt, erinnern uns an den heiligen Nikolaus, der vor vielen Jahren die Kinder beschenkte.
Damals lebte ein Mann mit seinen Kindern. Die Mutter war gestorben. Der Vater war arbeitslos geworden. Da gab es kaum etwas zu essen und auch keine warmen Kleider im Winter. Als der Vater dann auch noch krank wurde, war die Not so groß, daß die Kinder am Abend hungrig ins Bett gingen.
Wie staunten sie aber, als am Morgen ein großer Sack vor ihrer Tür stand. Als sie ihn öffneten, fanden sie darin Mehl und Brot. Da brauchen sie nicht mehr zu hungern.
Am nächsten Morgen aber stand wieder ein Sack vor der Tür. Und als die Kinder ihn öffneten, fanden sie warme Kleider darin. Da brauchten sie nicht mehr zu frieren.
Der Vater mußte immer an den Bischof denken. Er hatte von ihm gehört, daß er den Armen half. Ob er es war, der sie so reichlich beschenkt hatte.
Er sagte zu seinen Kindern: „Heute nacht wollen wir alle wach bleiben. Sollte wirklich der Bischof Nikolaus noch einmal zu uns kommen, dann wollen wir ihm von Herzen danken!“
Aber den Kindern fielen am Abend doch vor Müdigkeit die Augen zu. Der Vater blieb wach. Und wirklich! Spät in der Nacht hörte er ein Geräusch vor der Tür. Da sprang er auf und lief zur Tür und öffnete sie. Er sah auch, daß ein Mann mit schnellen Schritten davon ging. So gut er konnte, lief er hinter ihm her. Und dann erkannte er den Bischof Nikolaus.
„Danke!“ rief er. „Danke für alles, was du für uns getan hast!“ Der Bischof wendete sich um. „Geh nach Hause!“ sagte er freundlich. „Wenn du gesund bist, wirst du bald wieder Arbeit finden!“
Er lächelte dem Mann freundlich zu und ging dann weiter. Wie staunte der Mann aber, als er beim Heimkommen noch einen Sack vor der Tür fand. Vor lauter Freude weckte er die Kinder.
Und was fanden sie diesmal im Sack? Schuhe! Ja, Schuhe! Jetzt brauchten sie nicht barfuß zu laufen. Als sie aber in die Schuhe schlüpfen wollten, da konnten sie es nicht. In den Schuhen stecken nämlich die allerschönsten Dinge: Spielzeug, Äpfel, Nüsse und Plätzchen. Das alles hatte ihnen der Bischof Nikolaus geschenkt. Wie freuten sich da die Kinder! Daran erinnern wir uns, wenn wir heute am Abend unsere Schuhe vor die Tür stellen und hoffen, daß der Nikolaus etwas hineinlegt.

Rolf Krenzer

Geschichte

Sankt Nikolaustag

Aus:
Teresa Binsteiner,
„Neues aus unserem Kindergarten“,
Verlag Herder

Das erste Mal sprachen die Kinder vom Nikolaus irgendwann im Oktober. Daniel erzählte nämlich, im Supermarkt gäbe es Schokoladennikoläuse, und deshalb meinte er, bald käme der Nikolaus. „Das stimmt gar nicht“, erklärte Moni, und weil sie sich nicht einigen konnten, gingen sie Frau Kügelchen und wollten von ihr wissen, ob der Nikolaus bald kommt.
Frau Kügelchen holte den Kalender und zeigte den beiden, wie viele Wochen es noch bis zum sechsten Dezember, dem Sankt-Nikolaus-Tag wären: genau acht Wochen und zwei Tage.
Daniel konnte gar nicht verstehen, warum es dann im Supermarkt schon Schokoladennikoläuse gibt, wenn noch lange nicht Nikolaustag ist. „Ich finden es ja auch nicht schön, wenn die Osterhasen nach Weihnachten im Schaufenster stehen, aber die Geschäfte wollen so viel wie möglich verkaufen, darum können sie es nicht erwarten, bis die rechte Zeit für Schokoladennikoläuse, Osterhasen oder Maikäfer gekommen ist“, sagte Frau Kügelchen. Da konnte man also vorerst den Nikolaus vergessen, und das taten die Kinder dann auch.
Das zweite Mal, als die Kinder vom Niko-

Anmerkungen
Eigene Ideen
Notizen

laus sprachen, war das schon etwas anderes. Es war, als sie zuschauten, wie Frau Kügelchen den Adventskranz band. Das hatten die meisten Kinder noch nie gesehen, nur Petra und Jan erzählten, daß sie zu Hause auch den Adventskranz selber binden. Meist kauft man ihn fertig, und auch mit Frau Sommer waren die Kinder im letzten Jahr auf den Markt gegangen, um den Adventskranz für den Kindergarten zu kaufen.

So schauten sie jetzt gespannt zu, wie Frau Kügelchen einen Gymnastikreifen dick mit Zeitungspapier und Faden umwickelte, und dann konnten sie mithelfen und von den großen Tannenzweigen kleine Ästchen abbrechen und ihr reichen. Es roch wunderbar, wie im Walde, aber die Hände der Kinder klebten vom Harz. Doch was machte das schon.
Elisabeth war es, die leise zu singen anfing: „Laßt uns froh und munter sein ...", und bei „lustig, lustig tra-la-la-la-la ..." sangen die anderen Kinder und Frau Kügelchen freudig mit. Ja, jetzt war die rechte Zeit! In zwei Wochen war Nikolaustag.
„Soll er denn zu uns kommen?" fragte Frau Kügelchen. „Natürlich", meinten einige Kinder, andere sagten gar nichts, und Sebastian wollte wissen, ob im Kindergarten der echte Nikolaus kommt. Da lachten einige, aber so dumm war die Frage gar nicht, denn viele Erwachsene erzählen den Kindern, wenn sie klein sind, vom Nikolaus und wie er vom Himmel kommt, um jedes Jahr die Kinder zu besuchen. Erst wenn die Kinder größer sind, verstehen sie, daß das nur eine schöne Geschichte ist, und der wirkliche Nikolaus, der vor langer Zeit als Bischof gelebt hat, nicht vom Himmel kommen kann.
Von diesem wirklichen Bischof gibt es viele Geschichten, wie er den Armen geholfen hat. Das haben die Menschen nicht vergessen, und jedes Jahr erinnern sie sich wieder und spielen für die Kinder den Nikolaus.
„Wer soll denn bei uns in diesem Jahr der Nikolaus sein?" erkundigte sich Frau Kügelchen bei den Kindern. „Du", sagte Julia, „Dann hab' ich gar keine Angst."
„Oh, hast du denn Angst?" sagte Frau Kügelchen, und es stellte sich heraus, daß nicht nur Julia, sondern auch andere Kinder ein bißchen Herzklopfen hatten, wenn sie an den Nikolaus dachten. Wie ist das denn bei euch?
Im letzten Jahr hatte Heiner, Frau Sommers Mann, den Nikolaus gespielt, und die Kinder erinnerten sich, wie sie Heiner geholfen hatten, sich als Nikolaus zu verkleiden. Sabine erzählte, bei ihr daheim wäre letztes Jahr bestimmt der echte Nikolaus gekommen, sie hätte ihn auch an der Stimme nicht erkannt.
Nun erzählte Frau Kügelchen den Kindern von einem Nikolaus, der einmal zu ihr und ihren Geschwistern kam, als sie noch klein war, und wie sie fest geglaubt hatte, der Nikolaus wäre direkt vom Himmel gekommen. Der Adventskranz lag halb fertig auf dem Boden, manche Kinder spielten mit einem Tannenzweiglein und schnupperten ab und zu daran, als Frau Kügelchen erzählte:
„Wir waren sechs Kinder, eine richtig große Familie, und Geld hatten wir nicht sehr viel. So gab es zu Nikolaus auch keine großen Geschenke. Meist stand am Morgen des Nikolaustages für jedes Kind ein Lebkuchen mit einem bunten Bildchen darauf auf dem Frühstückstisch in der Küche, und ein schöner rotbackiger Apfel lag daneben. Am Adventskranz brannte eine Kerze, und ich glaubte damals ganz fest, Sankt Nikolaus wäre eben dagewesen. Doch einmal kam wirklich am Abend der Nikolaus persönlich, und stellt euch vor: Ich und meine Geschwister und auch Vater und Mutter – niemand weiß bis heute, wer der prächtige Nikolaus damals gewesen ist.
Es war schon dunkel draußen, meine Mutter richtete in der Küche das Abendessen, der Vater war gerade von der Arbeit heimgekommen, und wir Kinder spielten irgendwo in der Wohnung, als lange und eindringlich an der Türklingel geschellt wurde. Wir Kinder stürzten zur Tür, und der Vater öffnete. Es war das Wunderbarste, was ich je gesehen

hatte: Sankt Nikolaus kam langsam die Treppe herauf, genauso, wie ich ihn mir immer vorgestellt hatte: Groß und feierlich, mit einem Bart und mit Kleidern aus rotem Samt und weißer Seide, wie ein echter Bischof, und er hielt den Bischofsstab und das goldene Buch in den Händen. Vor ihm gingen zwei Kinder, die läuteten mit silbernen Glokken, und hinter ihm kam der Krampus oder der Pelzmärtel, wie er in manchen Gegenden heißt, der trug den schweren Sack. Dahinter drängten Kinder und Erwachsene von der Straße ins Haus. Denn stellt euch vor, der Nikolaus war mit einer Kutsche gekommen, mit weißen Pferden davor, und ein Kutscher mit einer dicken Pelzmütze saß oben auf dem Sitz und wartete auf den Nikolaus.

Der Vater führte den Nikolaus ins Wohnzimmer, der Krampus blieb brav hinter dem Nikolaus stehen, schaute aber grimmig und rasselte mit der Kette. Wir Kinder gaben dem Nikolaus die Hand und sagten ein Sprüchlein, das uns gerade einfiel. Während ich meinen Vers sagte, fiel mein Blick auf meinen kleinen Bruder. Der saß unter dem Tisch, ganz im Eckchen, und rührte sich nicht, und niemand, auch der Nikolaus, hat ihn dort entdeckt. Da blieb er, und erst als der Nikolaus fort war, kam er unter dem Tisch vor.

Was der Nikolaus alles gesagt hat, daran erinnere ich mich nicht mehr, nur daß alle, Vater, Mutter und Kinder, zum Schluß für den Nikolaus ein Lied gesungen haben.

Als der Nikolaus ging, begleiteten wir ihn auf die Straße. Da sahen wir erst die prächtige Kutsche mit den Schimmeln. Inzwischen hatten sich viele Menschen angesammelt, denn wer hatte je in unserer Straße so etwas gesehen!

Mit Schellengeläut fuhr die Kutsche mit dem Nikolaus davon, und als wir zurück in die Wohnung kamen, stand da der Sack, den der Krampus getragen hatte. Oh, was war da alles drinnen! Es war wie Weihnachten und Geburtstag zusammen! Spielzeug und Süßigkeiten, Mützen und Handschuhe – für jeden war etwas im Sack. Daß ich von dem Tag an noch fester an den echten Nikolaus geglaubt habe, das könnt ihr sicher verstehen.

Wir haben uns später immer wieder gefragt, wer wohl für uns damals den Nikolaus gespielt und uns so reich beschenkt hat. Es muß ein reicher und sehr freigebiger Mann gewesen sein, der Kinder gern hatte."

Das war die Geschichte, die Frau Kügelchen den Kindern erzählte.

„Das wäre toll, wenn zu uns auch so ein Nikolaus käme", meinte Ali, und nun waren die Kinder mittendring am Überlegen, wer in diesem Jahr bei ihnen den Nikolaus spielen sollte. Auf einmal waren sie sich ganz einig: Sie wollten auch von einem Nikolaus überrascht werden, den sie nicht kannten.

„Gut", sagte Frau Kügelchen, „ich überlege es mir." Und während der Adventskranz fertig gebunden wurde, malten sich die Kinder das Nikolausfest in den schönsten Farben aus.

Nun müßt ihr wissen: In diesem Kindergarten war der Nikolausabend immer ein richtiges Familienfest. Alle waren eingeladen, Eltern, Geschwister, Omas und Opas, wer Zeit und Lust hatte, konnte mitfeiern. Der ganze Gruppenraum war voller Stühle, nur in der Mitte blieb ein Kreis frei für den Nikolaus. Viele Kerzen brannten, und es war immer sehr feierlich.

So war es auch dieses Mal. Die Kinder waren sehr gespannt auf den Nikolaus – es war ja ein Geheimnis, wer ihn spielte. Die großen Kinder meinten, ihn doch zu erkennen, als er zu reden anfing. Benno flüsterte Natalie ins Ohr: „Das ist der Lehrer von meiner Schwester, den kenn' ich an der Stimme", aber sicher war er doch nicht.

Der Nikolaus erzählte den Kindern eine Geschichte vom wirklichen Sankt Nikolaus, und es wurde gesungen und musiziert. Manche Kinder hatten kleine Geschenke gebastelt, die überreichten sie nun dem Nikolaus. Frau Kügelchen erzählte nochmals ihre Geschichte von dem unbekannten Nikolaus, der mit der Kutsche gekommen war.

Zum Schluß, als der Nikolaus sich verabschiedete, sagte er zu den Kindern: „Ihr habt euch in diesem Jahr einen Nikolaus gewünscht, den ihr nicht kennt. Soll ich nun wieder gehen, wie ich gekommen bin, oder will vielleicht doch jemand von euch wissen, wer ich bin und wie ich ohne Nikolauskleider aussehe?"

Na, was hättet ihr gewollt? Benno, Natalie, Tina, Stefan, Moni und Marc wollten es doch wissen. Sie gingen mit dem Nikolaus in Frau Kügelchens Büro. Dort half die große Sabine dem Nikolaus aus den Kleidern.

Gespannt guckten die Kinder zu: Der rote Umhang war abgelegt – ein richtiger Anzug kam zum Vorschein. Der Nikolaus nahm die Bischofsmütze ab, da war ein Kopf mit we-

nig grauen Haaren zu sehen. Der Bart blieb daran, der war echt, und die Brille blieb auch. Es stand ein freundlicher alter Herr vor den Kindern – (der Lehrer von Bennos Schwester war es nicht) – der sagte: „Ihr könnt mich gar nicht kennen, weil ich noch nie hier war.“
In diesem Augenblick ging die Tür auf, Frau Kügelchen steckte den Kopf herein und sagte: „Vater, das hast du gut gemacht! Wartest du auf mich? Ich will mich noch von allen verabschieden.“ Nun wußten es die Neugierigen – und ihr wißt es jetzt auch.

Teresa Binsteiner

Weitere Geschichten

Aus: **„Was Kinder bewegt“**
von Christine Merz. Verlag Herder

Buch – „Herbst“
„Nikolaus im Kindergarten“ – von Mut und Herzklopfen

Aus: **Weihnachtsgeschichten“**
von Ursel Scheffler. Loewes Verlag
„Ein Pantoffel für den Nikolaus“

Reime

Du gingst auf's wilde Meer hinaus,
heiliger Bischof Nikolaus,
als deine Herde war in Not,
und kauftest Mehl und holtest Brot.

Du hast der Kinder auch gedacht
was Gutes für sie mitgebracht.
Sie kamen hin zum Meeresstrand
und küßten deine Hirtenhand.

Du bist der Kinder Schutzpatron.
Oh, bitte doch an Gottes Thron,
daß alle Kinder, die in Not,
erhalten bald das täglich Brot.

*

Dich rufen wir, Sankt Nikolaus!
Auf Erden geht die Not nicht aus.
Du weißt es wie kein andrer.
Geh um, du gütiger Wanderer.

Geh um, hab auf die Menschen acht.
Geh um. In dunkler, kalter Nacht
sitzt mancher in seinem Jammer.
Hilf du, wirf Gold in die Kammer.

Du Mann aus Myra, deine Zeit
ist nie vorbei, ist jetzt, ist heut.
Geh um in vielen Gestalten.
Hilf mir, dein Amt zu verwalten

Josef Guggenmos

Grüß Gott, grüß Gott, St. Nikolaus,
wir freuen uns gar sehr!
So setze dich, du lieber Gast,
bist müde, kommst weit her.
Warst immer gut den Kindern all,
drum lieben sie dich auch.
Und schenken, lieber Nikolaus,
war immer schon ein Brauch.

Vor langen, langen Jahren
in einem fremden Land
lebt' einst ein heiliger Bischof,
Sankt Nikolaus genannt.
Er war geliebt von groß und klein,
denn alle wollte er erfreun.

*

Nikolaus war ein guter Mann
hat allen Leuten wohl getan.
Den Armen gab er Kleider und Schuh,
und Brot zum Sattessen dazu.
Den Kranken hat er die Betten gemacht,
den Traurigen hat er Freude gebracht.
Die kleinen Kinder, die Mädchen und Buben,
lud er zu sich in seine Stuben,
schenkte ihnen Äpfel und Nüß
und Brezeln und Ringel süß.
Die Kinder aber sangen im Chor
zum Dank ihm frohe Lieder vor.

Ein Nikolausreim läßt sich gut als Aufhänger für ein Gespräch verwenden

„Dich rufen wir, St. Nikolaus“, Rechte beim Autor

Anmerkungen
Eigene Ideen
Notizen

Lieber guter Nikolaus,
komm doch auch in unser Haus.
Komm in unsern Kindergarten,
wo so viele Kinder warten.
Leg uns gute Sachen ein,
wir wollen auch recht dankbar sein.

*

Holler, poller, Rumpelsack,
Niklas trug sein Huckepack,
Weihnachtsnüsse, gelb und braun,
runzlich, punzlich anzuschaun.

Knackt die Schale, springt der Kern,
Weihnachtsnüsse eß' ich gern.
Komm bald wieder in mein Haus,
alter, guter Nikolaus.

Sankt Niklas ist ein braver Mann,
bringt den kleinen Kindern was,
die großen läßt er laufen,
die können sich was kaufen.

Der Nußknacker

Wer knackt die Nuß?
Nicht der Fritz, nicht der Franz.
Wer kriegt sie entzwei?
Der Nußknacker kann's!

Gut, daß wir ihn haben,
den hölzernen Herrn.
Er zerbeißt die Schale
und schenkt uns den Kern.
Josef Guggenmos

Aus: J. Guggenmos, „Was denkt die Maus am Donnerstag", Georg Bitter Verlag, Recklinghausen

Rätsel

Er ist ein Freund der Kinder,
kommt immer nur im Winter,
trägt Schweres auf dem Rücken,
um sie zu beglücken.
(Nikolaus)

Fingerspiele

Trude, Peter, Fritz und Franz
und der winzig kleine Hans
warten auf den Nikolaus.
Wann kommt er denn in unser Haus?
Mit dem Stabe so gebogen
kommt er durch die Stadt gezogen.
Hat 'ne spitze Mütze auf
mit 'nem goldnen Kreuzlein drauf.
Komm nur herein St. Nikolaus
und leer dein volles Säcklein aus!

Anmerkungen
Eigene Ideen
Notizen

Lieder

Bald schon, bald schon

Melodie und Text: Gertrud Lorenz

Aus:
Gertrud Lorenz,
„Singen und Spielen“,
Verlag
Konrad Wittwer,
Stuttgart

2. Morgen, morgen, morgen ist der Nikolaus-Tag.
Darum sind wir froh und wir singen so:
Nikolaus, Nikolaus, komm zu uns in dieses Haus,
lieber Nikolaus.

3. Heute, heute, heute ist der Nikolaus-Tag.
Darum sind wir froh, und wir singen so:
Nikolaus, Nikolaus, Nikolaus komm zu uns in dieses Haus,
lieber Nikolaus.

4. Heute, heute, heute ist der Nikolaus-Tag.
Darum sind wir froh, und wir singen so:
Nikolaus, Nikolaus, grüß dich Gott in unserm Haus,
lieber Nikolaus.

Ach lieber Nikolaus

Melodie und Text: Hans Poser

Aus:
„Der fröhliche Kinderkalender“,
Fidula-Verlag,
Boppard/Rhein

Anmerkungen
Eigene Ideen
Notizen

Sankt Niklaus ist ein guter Mann

Text und Melodie: Franz Kett

Aus:
RPP. 1980/4, S. 34
RPA-Verlag,
Religionspäd.
Arbeitshilfen GmbH,
Landshut

Nikolaus ließ das Korn verteilen.
Aus Korn wurde Mehl gemahlen,
aus Mehl Brot gebacken.

Du lieber heil'ger Nikolaus

Text und Melodie: Wolfgang Longardt

Aus:
Wolfgang Longardt,
„Leben im Jahreskreis",
Herbst und Winter,
Verlag Herder

Laßt uns froh und munter sein

Aus dem Hunsrück

2. Dann stell' ich den Teller auf,
   Niklaus legt gewiß was drauf.
   Lustig ...

3. Wenn ich schlaf', dann träume ich:
   Jetzt bringt Niklaus was für mich.
   Lustig ...

4. Wenn ich aufgestanden bin,
   lauf ich schnell zum Teller hin.
   Lustig ...

5. Niklaus ist ein guter Mann,
   dem man nicht g'nug danken kann.
   Lustig ...

Lieber guter Nikolaus

2. Lieber, guter Nikolaus ... wir geigen dir ein Stück:
   dideldum, dideldum, dideldei.

3. Lieber, guter Nikolaus ... wir flöten dir ein Stück:
   düdeldü, düdeldü düdeldei.

4. Lieber, guter Nikolaus ... wir trommeln dir ein Stück:
   tromterom, tromterom, tromterom.

Anmerkungen
Eigene Ideen
Notizen

Kreisspiele

Klingelingeling, Niklaus ist da

Spielvorschlag:
Ein Kind, der Niklaus läuft im Kreis herum.
Bei „du darfst mit" wählt er sich ein Kind aus, das ihn begleiten darf ...

Manuelles Gestalten

Malen:
Wir malen Bischof Nikolaus mit Bischofsstab und Mitra mit Buntstiften oder Wachsfarben.

Schneiden und Kleben:
Aus einer Papprolle, Bunt- und Tonpapier, Watte und Kleber basteln wir einen Nikolaus.

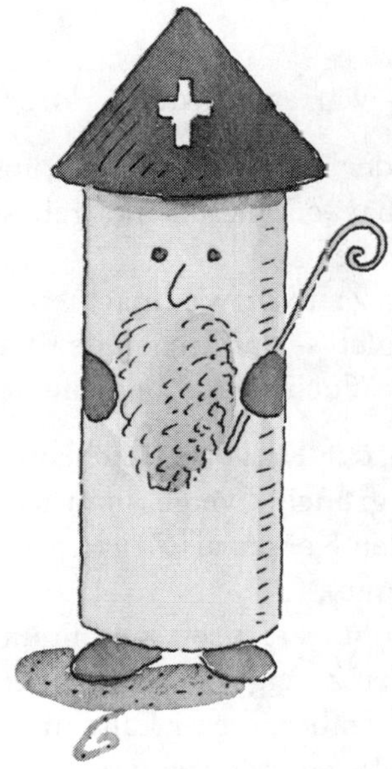

Tischschmuck:
Mit einem Apfel und einer Nuß, etwas Tonpapier und Watte basteln wir einen Nikolaus als Tischschmuck.

Reißen und Kleben:
Wir malen auf ein Blatt St. Nikolaus und kleben ihn mit kleinen, aus Glanzpapier gerissenen Stücken aus.

Reißen und Kleben – Gemeinschaftsarbeit:
Auf Papier malen wir einen großen Nikolaus und kleben ihn gemeinsam – wie oben aus.

Falten:
Wir falten einen Nikolaus.

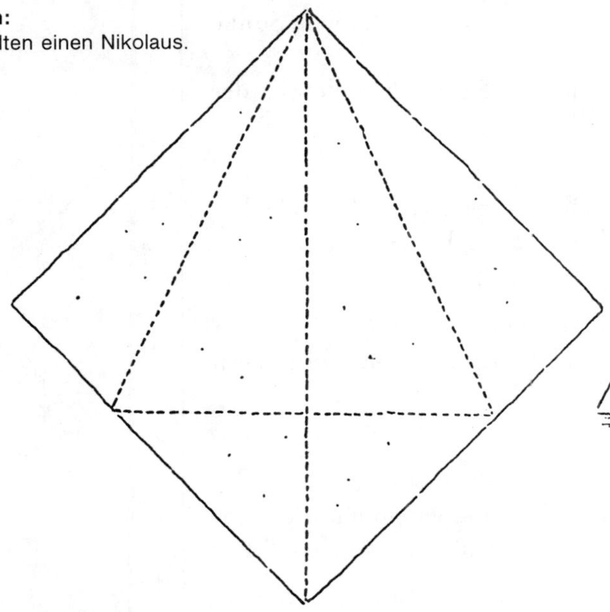

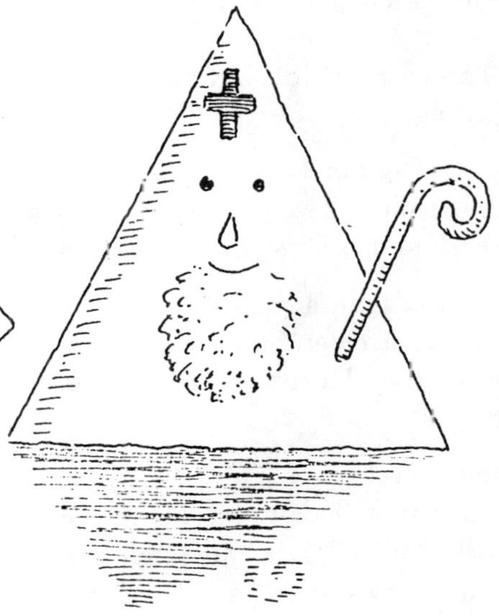

Sinnesübung

Nüsse tasten:
Mit verbundenen Augen ertasten wir verschiedene Nüsse. – Walnuß – Haselnuß – Erdnuß – Mandel – Paranuß – Kokosnuß

Anmerkungen
Eigene Ideen
Notizen

Weihnachtszeit

Gespräche

Information für den Erzieher.

- Advent = Ankunft – warten auf den Erlöser – Geburt Christi.
- Advent ist die Zeit der Vorfreude. Alles rückt ein wenig näher zusammen. Weihnachtsbrötchen werden gebacken, Geschenke gebastelt, Freundschaften gepflegt – man versucht sich Freude zu schenken.
  Nicht immer war die Zeit vor Weihnachten eine Zeit der Freude. Im Advent sind die Farben in der Kirche violett – als Zeichen der Trauer und Buße. Die Adventszeit dauerte teilweise fünf bis sechs Wochen und begann stets als Fastenzeit.
- Der Adventskranz – der Kreis als Zeichen der Unendlichkeit – immer da – kein Anfang und kein Ende – die grünen Zweige (immer grün – immer da) stehen als Symbol der Treue zu Christus – die roten Kerzen als Zeichen seines Blutes und der Liebe (früher waren es 24 Kerzen, davon 4 große).
  Den Adventskranz gibt es erst seit Beginn unseres Jahrhunderts. Jedoch gab es bereits im Mittelalter den grünen Zweig als Adventsschmuck in den Kirchen. Sein Ursprung ist heidnischer Art. Der Dezember, dieser kalte und dunkle Monat war den Menschen immer etwas unheimlich. Sie fürchteten sich vor langen Nächten, weshalb sie Türen, Fenster und Ställe mit immergrünen Zweigen verkleideten. Man sprach den Zweigen nicht nur schützende Kräfte zu – sie drückten gleichzeitig die Sehnsucht der Menschen nach Licht, Sonne und Frühling aus.
  In angelsächsischen Ländern symbolisiert das Rot und Grün der Stechpalme die Zeit der Hoffnung und Erwartung.
- Am 4. Dezember ist der Tag der Heiligen Barbara.
  An diesem Tag schneidet man Zweige von Forsythien, Obstbäumen (Kirsche), Flieder, Weißdorn oder Birke ab und stellt sie ins Wasser, damit sie an Weihnachten blühen.
- Am 8. Dezember ist Maria Empfängnis.
  Während dieser Tag in Deutschland nur in katholischen Gegenden begangen wird, ist er in Spanien ein hoher Feiertag. Dort werden die Häuser prächtig geschmückt und Kerzen in die Fenster gestellt.
- Am 13. Dezember ist Luzia-Tag.
  Er hat in Skandinavien große Bedeutung. In Schweden weckt die älteste Tochter des Hauses – gewandet als „Heilige Luzia" mit langem weißen Kleid und einem mit brennenden Kerzen besteckten Kranz – die ganze Familie. Sie bringt jedem ein festliches Frühstück ans Bett. Sie ist den ganzen Tag Lichtkönigin.
  Luzia = strahlende Lichtbringerin in den dunklen Wintermonaten.
- Der Weihnachtsmarkt
  Einige der berühmtesten Weihnachtsmärkte:
  In Hamburg der „Dom". Der Name kommt daher, weil die Stände ursprünglich in der Vorhalle und im Kreuzgang des Gotteshauses standen. – In Nürnberg der Christkindl-Markt, bekannt durch die Nürnberger Lebkuchen und den Rauschgoldengel, der erstmals vor 300 Jahren dort hergestellt wurde. – In München der „Krippenmarkt". Früher kaufte man dort die schönsten Sachen für den Gabentisch.
- Der Weihnachtsbaum
  Die ersten Weihnachtsbäume gab es im 16. Jahrhundert. Die Kerzen kamen erst im 18. Jahrhundert dazu. 1848 haben die Glasbläser im Thüringer Wald und im Erzgebirge die ersten Weihnachtskugeln als Christbaumschmuck hergestellt.

Der so ureigene deutsche Weihnachtsbrauch ging im vorigen Jahrhundert als Symbol des Weihnachtsfestes aus den deutschsprachigen Ländern in die Welt hinaus.

- Die Krippe
  In Deutschland geht dieser Brauch auf die Frauenklöster des Mittelalters zurück. Dort war es Sitte, das Christkind in der Adventszeit in den Schlaf zu wiegen. Dazu gehörte ein holzgeschnitztes Christkind in einer Krippe, das die Nonnen bei ihrem Eintritt ins Kloster mitzubringen hatten.

- Der Pfefferkuchen
  Fast jedes Weihnachtsgebäck hat eine symbolische Bedeutung. Vom Ursprung des Pfefferkuchens wird berichtet: Die Hirten, die in der Weihnachtsgeschichte vorkommen, hatten Brot im Ofen, als der Engel erschien und sie nach Bethlehem zur Krippe schickte. Die Hirten vergaßen das Brot. Aber als sie im Morgengrauen heimkehrten, war das Brot nicht verkohlt, sondern duftete köstlich – auf wundersame Weise war Pfeffer hineingekommen, der damals als besonders edles, kostbares Gewürz galt.

- Der Christstollen
  Schon 1474 in einer alten Chronik erwähnt, galt dieser Kuchen mit seiner dicken Puderzuckerhülle als Abbild des Jesuskindes, das in früheren Darstellungen immer ganz in weiße Tücher gehüllt war.

- Der Karpfen
  Der Karpfen am Heiligen Abend erinnert daran, daß der Advent in seinem Ursprung eine Fastenzeit ist. Deshalb ißt man am 24. Dezember, dem letzten Fastentag – Fisch.

- Gesprächsschwerpunkt „von der Freude“, wie und mit was wir anderen eine Freude bereiten können.

Ausgang

Besuch in der Kirche – Krippe.

Anmerkungen
Eigene Ideen
Notizen

Für den Erzieher.

Die Geburt Jesu

In jenen Tagen erließ Kaiser Augustus den Befehl, alle Bewohner des Reiches in Steuerlisten einzutragen. Dies geschah zum erstenmal; damals war Quirinius Statthalter von Syrien. Da ging jeder in seine Stadt, um sich eintragen zu lassen. So zog auch Josef von Nazaret in Galiläa hinauf nach Judäa in die Stadt Davids, die Bethlehem heißt; denn er war aus dem Haus und Geschlecht Davids. Er wollte sich eintragen lassen mit Maria, seiner Verlobten, die ein Kind erwartete. Als sie dort waren, kam für Maria die Zeit ihrer Niederkunft, und sie gebar ihren Sohn, den Erstgeborenen. Sie wickelte ihn in Windeln und legte ihn in eine Krippe, weil in der Herberge kein Platz für sie war.

In jener Gegend lagerten Hirten auf freiem Feld und hielten Nachtwache bei ihrer Herde. Da trat der Engel des Herrn zu ihnen, und der Glanz des Herrn umstrahlte sie. Sie fürchteten sich sehr, der Engel aber sagte zu ihnen: Fürchtet euch nicht, denn ich verkünde euch eine große Freude, die dem ganzen Volk zuteil werden soll: Heute ist euch in der Stadt Davids der Retter geboren; er ist der Messias, der Herr. Und das soll euch als Zeichen dienen: Ihr werdet ein Kind finden, das, in Windeln gewickelt, in einer Krippe liegt. Und plötzlich war bei dem Engel ein großes himmlisches Heer, das Gott lobte und sprach:

Verherrlicht ist Gott in der Höhe, und auf Erden ist Friede bei den Menschen seiner Gnade.

Als die Engel sie verlassen hatten und in den Himmel zurückgekehrt waren, sagten die Hirten zueinander. Kommt, wir gehen nach Bethlehem, um das Ereignis zu sehen, das uns der Herr verkünden ließ. So eilten sie hin und fanden Maria und Josef und das Kind, das in der Krippe lag. Als sie es sahen, erzählten sie, was ihnen über dieses Kind gesagt worden war. Und alle, die es hörten, staunten über die Worte der Hirten. Maria aber bewahrte alles, was geschehen war, in ihrem Herzen und dachte darüber nach. Die Hirten kehrten zurück, rühmten Gott und priesen ihn für das, was sie gehört und gesehen hatten; denn alles war so gewesen, wie es ihnen gesagt worden war.

Lukas 2, 1–20

Text der Einheitsübersetzung

Das Weihnachtsevangelium

Es begab ſich aber zu der Zeit / daß ein Gebot vom Kaiſer Auguſtus ausging / daß alle Welt geſchätzt würde. Und dieſe Schätzung war die allererſte und geſchah zu der Zeit / da Cyrenius Landpfleger in Syrien war. Und jedermann ging / daß er ſich ſchätzen ließe / ein Jeglicher in ſeine Stadt. Da machte ſich auch auf Joſeph aus Galiläa / aus der Stadt Nazareth / in das jüdiſche Land / zur Stadt Davids / die da heißt Bethlehem / darum daß er von dem Hauſe und Geſchlecht David war / auf daß er ſich ſchätzen ließe mit Maria / ſeinem vertrauten Weibe / die war ſchwanger. Und als ſie daſelbſt waren / kam die Zeit / daß ſie gebären ſollte. Und ſie gebar ihren erſten Sohn und wickelte ihn in Windeln und legte ihn in eine Krippe / denn ſie hatten ſonſt keinen Raum in der Herberge. Und es waren Hirten in derſelben Gegend auf dem Felde bei den Hürden / die hüteten des Nachts ihre Herde. Und ſiehe / des Herrn Engel trat zu ihnen / und die Klarheit des Herrn leuchtete um ſie / und ſie fürchteten ſich ſehr. Und der Engel ſprach zu ihnen: Fürchtet Euch nicht / ſiehe / ich verkündige Euch große Freude / die allem Volk widerfahren wird / denn Euch iſt heute der Heiland geboren / welcher iſt Chriſtus / der Herr / in der Stadt Davids. Und das habt zum Zeichen: Ihr werdet finden das Kind in Windeln gewickelt / und in einer Krippe liegen. Und alſobald war da bei dem Engel die Menge der himmliſchen Heerſcharen / die lobten Gott und ſprachen: Ehre ſei Gott in der Höhe / und Friede auf Erden / und den Menſchen ein Wohlgefallen! Und da die Engel von ihnen gen Himmel fuhren / ſprachen die Hirten untereinander: Laßt uns nun gehen gen Bethlehem / und die Geſchichte ſehen / die da geſchehen iſt / die uns der Herr kundgetan hat. Und ſie kamen eilend und fanden beide / Maria und Joſeph / dazu das Kind in der Krippe liegen. Da ſie es aber geſehen hatten / breiteten ſie das Wort aus / welches zu ihnen von dieſem Kinde geſagt war. Und alle / vor die es kam / wunderten ſich der Rede / die ihnen die Hirten geſagt hatten. Maria aber behielt alle dieſe Worte und bewegte ſie in ihrem Herzen. Und die Hirten kehrten wieder um / prieſen und lobten Gott um alles / was ſie gehört und geſehen hatten / wie denn zu ihnen geſagt war.

Lukas 2/1–20

Alte Luther-Übersetzung

Anmerkungen
Eigene Ideen
Notizen

Textdarbietung (nach Lukas)

Die Menschen warteten schon lange auf einen Retter, einen Heiland, der die kranke Welt gesund macht. Und sie meinten damals:
Der Retter wird bestimmt in Bethlehem geboren, wo auch der große König David herkam.
Als der König David noch lebte, hat er so gut für die Menschen gesorgt. Der neue Heiland wird bestimmt aus derselben Stadt kommen, aus Bethlehem, und er kommt bestimmt auch wie ein König, damit alle es merken.
So meinten die Menschen.
Und da war Maria, eine junge Frau. Sie wohnte mit ihrem Mann Joseph in Nazareth.
Einmal war sie allein. Es war still. Da sagte Gott zu ihr:
Ich grüße dich, Maria.
Ich bin bei dir. Und du bekommst ein Kind, einen Sohn!
Da wußte sie: Er ist von Gott, der Retter für die Welt, der Heiland.
Er soll Jesus heißen, d. h. Gott will euch helfen!
Er wird der Herr sein. Alle sollen auf ihn hören.
Und Maria sagte: Ja, so soll es sein!
Da mußte Maria mit Josef, ihrem Mann, nach Bethlehem. Ganz viele andere Leute mußten auch dahin – zu einer Volkszählung. Augustus, der Kaiser von Rom, wollte es so.
Als Maria und Josef da waren, bekam Maria ihr Kind. Aber nirgendwo war Platz für sie. Da wickelte sie ihr Kind in Windeln und legte es in eine Futterkrippe.
Und niemand achtete darauf – niemand. Denn alle meinten ja:
Wenn der Heiland der Welt kommt, dann kommt er wie ein König.
So achtete niemand auf das Kind in der Futterkrippe. –
Aber auf dem Feld – in der Nähe, waren Hirten – arme Leute, über die man schlecht sprach.
Sie wachten im Dunkel
Da wurde es auf einmal hell in ihnen. Denn Gott sprach:
Freut euch! Habt keine Angst! Ihr Menschen alle, freut euch!
Euch ist heute der Heiland geboren, der Herr.
Der Retter für alle Menschen – in Bethlehem in Davids Stadt.
Ihr könnt euch überzeugen.
Das ist das Zeichen: Ihr werdet es finden – ein Kind in Windeln in einer Futterkrippe.
Da erkannten sie: So groß ist Gott. So hat er es heute gezeigt.
Alle sollen „Ja" zu ihm sagen.
Und jetzt soll auf Erden Friede anfangen, wo die Menschen dies Geschenk Gottes annehmen und weitergeben!
Da sagten die Hirten:
Der Heiland der Welt? Ein Kind in einer Krippe?
Ausgerechnet für uns? Und für alle Menschen? Wir gehen hin!
Und sie liefen hin, und sie fanden Maria und Josef und das Kind in der Krippe.
Und sie erzählten freudestrahlend – überall:
Der Retter – von Gott – ein Kind in Bethlehem
sogar für uns und für alle, damit Friede wird! Freut euch!

Aus:
Hermine König (Hrsg.), „Religion im Kindergarten", Kösel Verlag, München

Beispiel und Anregung für eine kindgerechte Überarbeitung.

Anmerkungen
Eigene Ideen
Notizen

Backen

Bratäpfel

Äpfel
Kerngehäuse mit einem Ausstecher entfernen.
Äpfel ringsherum einen Zentimeter tief einritzen.
3 Eßl. süße Sahne
1 Eßl. Puderzucker
125 g Marzipan
Sahne, Puderzucker und Marzipan miteinander vermengen und in die Äpfel füllen.

Backofen 220 Grad 25 Min.

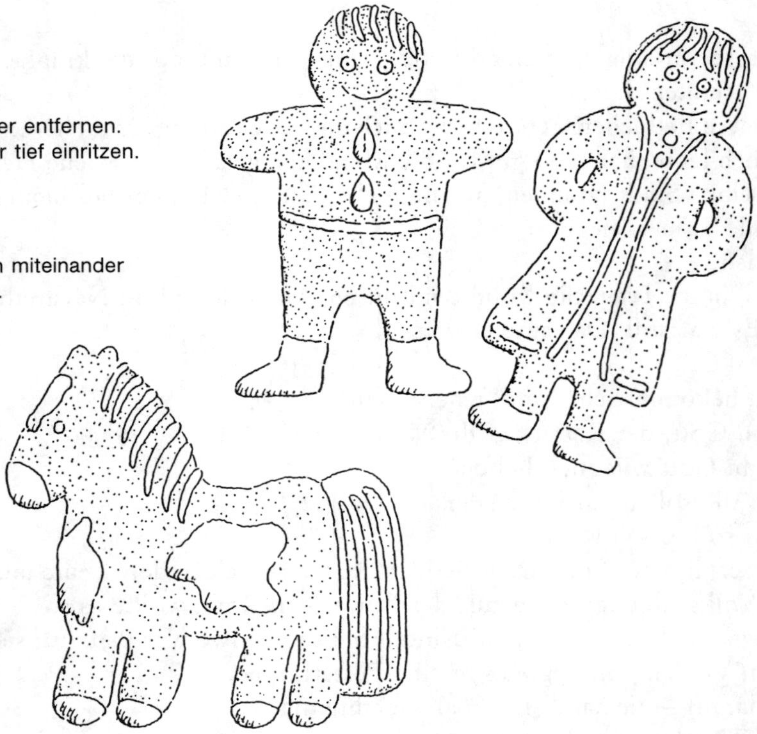

Lebkuchen
375 g Honig oder Kunsthonig
100 g Schmalz
50 g Zucker
2 Teel. gem. Zimt
½ Teel. gem. Nelken
1 Prise gem. Pfeffer
1½ Teel. gem. Kardamon
abgeriebene Schale
von 1 Zitrone (ungespritzt)
1 Prise Salz
1 Ei
125 g Stärkemehl
500 g Mehl
1 Päckchen Backpulver

Honig, Schmalz und Zucker im Kochtopf erwärmen, bis alles gelöst ist.

Übrige Zutaten in einer Schüssel vermengen und abgekühlte Honigmasse zufügen – gut durchkneten.
1–3 Stunden kühlstellen.

Teig auf mit Mehl bestreutem Tisch ½ cm dick auswellen – Figuren ausschneiden. Vorgeheizter Backofen 180 Grad – 15 bis 25 Min. backen. Sofort vom Blech lösen. Nach dem Abkühlen verzieren.

Bilderbücher

„Komm mit nach Bethlehem"
Illustration: Anna Curti / Reime: Lena Hahn. Verlag Boje

„Kommt, wir gehen nach Bethlehem"
von Margot Bickel / Hermine Müller. Verlag Herder

„In Betlehem geboren"
von Stephan Zavrel. Patmos Verlag

„Wie Jesus auf die Welt kam"
von J. Grüger / J. Hoffmann-Herreros.

„Die Weihnachtsgeschichte"
Verlag Kaufmann

„Ochs und Esel"
Echter Verlag

„Die vier Lichter des Hirten Simon"
von Gerda Maria Scheidl / Marcus Pfister. Nord-Süd-Verlag

„Jesus ist geboren"
von Emil Maier-F. / Magdalena Spiegel. Verlag Kath. Bibelwerk, Stuttgart

„Jesus aus Nazareth"
von Dietrich Steinwede / René Villinger. Verlag Kaufmann

„Tomte und der Fuchs"
von Astrid Lindgren / Harald Wiberg. Verlag Oetinger

„Weihnachten im Stall"
von Astrid Lindgren / Harald Wiberg. Verlag Oetinger

„Weihnachten bei Mimi und Brumm"
von Gabrielle Vincent. Verlag Sauerländer

„Hannah an der Krippe"
von Hilde Heyduck-Huth / Regine Schindler. Ravensburger

„Vor langer Zeit in Betlehem"
von Masahiro Kasuya. Atlantis Verlag

„Die erste Weihnacht"
von Tomie de Paola. Verlag Lappen

„Es stand ein Stern in Bethlehem"
von Willi Fährmann / Annegret Fuchshuber. Thienemanns Verlag

„Der Hirtenbub von Bethlehem"
von Bunshu Iguchi. Verlag Kaufmann

„Drei Könige kommen nach Bethlehem"
von Emil Maier-F. Verlag Kath. Bibelwerk, Stuttgart

„Die Sterndeuter kommen"
von R. Schindler / H. Heyduck-Huth. Verlag Kaufmann

„Der kleine Stern"
von Masahiro Kasuya. Verlag Wittig

„Eine Wintergeschichte"
von Max Bolliger. Artemis Verlag

„Wie die Sonne in das Malon kam"
von Christine Mühlberger / Regina Schmidt u. Gabriele Frison. Verlag RPA

„Das verlorene Schaf"
von R. Schindler / H. Heyduck-Huth. Verlag Kaufmann

„Martin der Schuster"
von Masahiro Kasuya. Verlag Wittig

„Thomas und die Taube"
von Józef Wilkoń. Patmos Verlag

Bücher für den Erzieher

„Mit Kindern Weihnachten entgegen"
Gertrud Lorenz. Verlag Herder

„Weihnachten mit Kindern vorbereiten"
Maria Karin Krüppel. Verlag Herder

„Weihnachten im Kindergarten"
Rolf Krenzer. Verlag Kaufmann

Adventskalender:

„Adventskalender"
Ursula Ritter. Christophorus-Verlag, Brunnen-Reihe 273

„Adventskalender"
Ingrid Wurst. Verlag Frech, TOPP

„Adventskalender – neue Ideen"
Ingrid Wurst. Verlag Frech, TOPP 1026

„Adventskalender"
Wolfgang Metzger. Ravensburger, Bastelbär

Basteln:

„Weihnachtliches Basteln mit Kindern"
Katharina Zechlin. Verlag Frech, TOPP 1156

„Kinder basteln für Weihnachten"
Sigrid Wetzel-Maesmanns. Verlag Frech, TOPP 1224

„Transparente Fensterbilder zur Weihnachtszeit"
Cornelia Benz. Christophorus-Verlag, Brunnen-Reihe 324

„Weihnachtsschmuck aus Tonpapier"
Eva Rüscher. Christophorus-Verlag, Brunnen-Reihe 257

Aus:
„Weihnachtsgeschichte",
Loewes Verlag

Geschichte

Opa Wolle

Opa Wolle steht in der Küche und wäscht ab. „Weihnachten ist schließlich ein Tag wie jeder andere", brummt er und stellt die sauberen Teller in den Schrank.
Dann geht er ins Wohnzimmer. Sein Blick fällt auf den kleinen Weihnachtsbaum. Eigentlich hat er ihn gar nicht kaufen wollen. Aber jetzt freut er sich doch darüber.
Zwei Pakete stehen davor. Eines von seinem Sohn Felix. Es kommt aus Amerika. Das andere ist von Tom und seiner Familie. Sie sind mit den beiden Jungen in den Weihnachtsferien beim Schifahren.
Nur von Gerti ist nichts gekommen. Kein Wunder. Sie hat kurz vor Weihnachten ein Baby zur Welt gebracht. Nathalie – ein Weihnachtsmädchen!
Aber schreiben hätte sie doch können! Sicher ist sie noch ein bißchen schwach. Bestimmt wird sie anrufen – seine Gerti!
Eigentlich hab' ich sie den Jungen immer ein bißchen vorgezogen, überlegt Opa Wolle. Er schmunzelt und denkt an Weihnachten, wie es früher war. Jetzt hat sein kleines Mädchen selbst ein kleines Mädchen. Wie die Zeit vergeht!
Eigentlich ist er noch nie allein gewesen am Heiligen Abend. Er hat ihn immer bei einem der Kinder verbracht, seit Oma tot ist. Weshalb ist er nur auf einmal so traurig?
Er macht die Pakete auf. Er freut sich über die selbstgebackenen Plätzchen, über das Fotoalbum mit den Bildern, über die Basteleien der Enkelkinder und über die bildschöne neue Pfeife.
Die werd' ich gleich einrauchen, denkt er und setzt sich in den Sessel. Das Telefon hat er mitten auf den Tisch gestellt. Direkt neben den Weihnachtsbaum. Es gehört zu seiner Bescherung dazu. Denn anrufen wird sie doch wenigstens, seine Gerti!
Die Pfeife schmeckt ihm nicht recht. Er stellt das Radio an. Nachrichten. Nun, schließlich ist es ein Tag wie jeder andere. Er hört eine Glatteismeldung. Wie gut, daß er nicht raus muß.
Dann spielen sie die alten Weihnachtslieder. Wieder muß Opa Wolle an früher denken. Auf einmal fühlt er sich einsam. Ganz einsam. Eine Träne rollt über seine Backe. Ärgerlich wischt er sie weg und brummt: „Stell

Anmerkungen
Eigene Ideen
Notizen

Aus:
Ursel Scheffler,
„Leselöwen – Weihnachtsgeschichten",
Loewes Verlag,
Bindlach

„Nathalie" bedeutet:
die zu Weihnachten
Geborene.

dich nicht so an, Alter! Weihnachten ist ein Tag wie jeder andere. Kapiert?"
Dann wandert sein Blick zum Telefon.
Es ist schon spät. Ich werd' ins Bett gehen, denkt er.
Da klingelt es. Er will nach dem Hörer greifen. Es klingelt noch einmal, heftiger. Jetzt merkt er erst, daß es die Türglocke ist. Er springt auf und wirft dabei die Keksdose um. Wer da wohl klingelt? Um diese Zeit? Der Telegrammbote vielleicht?
Schon ist Opa Wolle an der Tür.
Draußen stehen ein Mann und eine Frau mit einem Kind im Arm.
„Das Glatteis – wir haben es nicht schneller geschafft", sagt eine vertraute Stimme.
„Mein Gott, Gerti!" sagt der alte Mann. Und einen Augenblick lang ist es ihm, als sei die Heilige Familie persönlich bei ihm zu Weihnachten eingekehrt. *Ursel Scheffler*

Weitere Geschichten

Aus: **„Was Kinder bewegt"**
von Christine Merz. Verlag Herder

Buch – Herbst

„Was Tim sich zu Weihnachten wünscht" – Vom Wünschen

„Wo wohnt der Liebe Gott?" – Eine Geschichte zu Weihnachten

Aus: **„Das Kindernest"**
Verlag Herder

„Jakob wartet auf Weihnachten" von Lene Mayer-Skumanz

Aus: **„Weihnachtsgeschichten"**
von Ursel Scheffler. Loewes Verlag

„Papa kauft den Weihnachtsbaum"

„Lena wartet aufs Christkind"

Reime

Es ist Advent! Ein Lichtlein brennt.
Noch steht's in dunkler Nacht allein,
doch immer heller wird sein Schein.
Es strahlt nicht nur in alle Welt,
sein Glanz auch in die Herzen fällt.

*

Advent, Advent ein Lichtlein brennt.
Erst eins, dann zwei, dann drei, dann vier,
dann steht das Christkind vor der Tür.

*

1. Kerze: Jetzt ist Advent,
ein Lichtlein brennt
am grünen Kranz
im stillen Glanz.
2. Kerze: Ein zweites Lichtlein
bringt neuen Schein
und stilles Glück
zu uns herein.
3. Kerze: Nun leuchtet schlicht
ein drittes Licht,
vermehrt den Glanz
auf unserm Kranz.

4. Kerze: Vier Lichter blühn
im Tannengrün,
ihr helles Licht
zu jedem spricht:
Es geht zu Ende der Advent,
im Gnadenschein
kommt's Christkindlein.

*

Zu Ende geht nun der Advent,
die vierte Kerze schon am Kranze brennt.
Damit die Freud in die Stube zieht,
singt Kinder jetzt ein Weihnachtslied.

*

Ich wünsch' mir was!
Was ist denn das?
Das ist ein Schloß aus Marzipan
mit Türmen aus Rosinen dran
und Mandeln an den Ecken.
Ganz zuckersüß und braungebrannt
und jede Wand aus Zuckerkand –
da kann man tüchtig schlecken!
Und Diener laufen hin und her
mit Saft und Marmelade,
und innen, in dem Schlosse drin,
sitzt meine Frau, die Königin –
die ist aus Schokolade.

Der Tannenbaum

Es kam ein kleiner Tannenbaum
vom Walde in die Stadt,
wo man zwar viele Häuser, doch
so wenig Bäume hat.

Er kam auf unsern Weihnachtsmarkt,
da waren noch viel mehr
so Tannen, und die kamen all
vom Weihnachtswalde her.

Nun stand er da, der Tannenbaum,
bis eine Frau ihn sah
und sagte: „Den hätt' ich gern
den kauf' ich, o ja.«

Sie nahm den Tannenbaum mit heim,
stellt ihn auf den Balkon.
Drei Tage darauf, o welch ein Glück,
war Weihnachtsabend schon.

Da wurd' er prächtig aufgeputzt,
und in dem ganzen Haus
roch es nach süßem Tannenduft
vom Weihnachtswalde draus.

Der Christbaum ist der schönste Baum,
den wir auf Erden kennen;
im Zimmer klein, im engsten Raum,
wie lieblich blüht der Wunderbaum,
wenn seine Kerzen brennen.

Der Bratapfel

Kinder, kommt und ratet,
was im Ofen bratet!
Hört, wie's knallt und zischt.
Bald wird er aufgetischt,
der Zipfel, der Zapfel,
der Kipfel, der Kapfel,
der gelbrote Apfel.

Kinder, lauft schneller,
holt einen Teller,
holt eine Gabel!
Sperrt auf den Schnabel
für den Zipfel, den Zapfel,
den Kipfel, den Kapfel,
den goldbraunen Apfel!

Sie pusten und prusten,
sie gucken und schlucken,
sie schnalzen und schmecken,
sie lecken und schlecken,
den Zipfel, den Zapfel,
den Kipfel, den Kapfel,
den knusprigen Apfel.

Volksgut aus Bayern

Gedicht zum Heiligen Abend

Wißt ihr, was heute für ein Tag ist?
Heute vor fast zweitausend Jahren
ist geboren Jesus Christ –
Alle Welt hat es erfahren.

Ach es gibt so viel Geschichten
von dem Kind, das „Christkind" heißt ...
viel kann ich euch nicht berichten,
weil ich noch so wenig weiß.

Aber eines weiß ich immer:
wenn wir lieb zusammen sind,
fällt auf uns ein kleiner Schimmer
von dem Glanz vom Christuskind.

Anmerkungen
Eigene Ideen
Notizen

Fingerspiele

Hier steht ein großer Tannenbaum — Linke Hand Tannenbaum,
mit bunten Lichtlein dran. — fünf Finger die Kerzen,
Da kommt trapp, trapp der Weihnachtsmann — trapp, trapp mit Füßen.
und steckt die Lichtlein an.
Das Glöcklein tönt ganz leis und sacht, — Hände falten, Mittelfinger nach innen als Schlegel hin- und herbewegen,
ruft alle, groß und klein.
Die Weihnachtstür wird aufgemacht: — Tür aufmachen.
„Ihr Kinder, kommt herein!"
Triangel spielt der Udo gleich, — Triangel spielen.
kling-kling, kling-kling, kling-kla.
Und glücklich wiegt im Bettchen weich — Püppchen wiegen nachahmen.
ihr Püppchen unsere Monika.
Die Mutti ruft zum Weihnachtsschmaus:
„Wer bläst jetzt noch die Kerzen aus?" — Beim Ausblasen der Kerzen jeden Finger einzeln anblasen und beugen.

*

Fünf Männlein sind auf den Markt gelaufen
um einen Weihnachtsbaum zu kaufen.
Der erste sucht das Bäumlein aus,
der zweite trägt es stolz nach Haus.
Der dritte stellt es zu Hause auf,
der vierte hängt den Schmuck darauf.
Der fünfte steckt die Kerzen dran –
und alle gemeinsam zünden sie an.

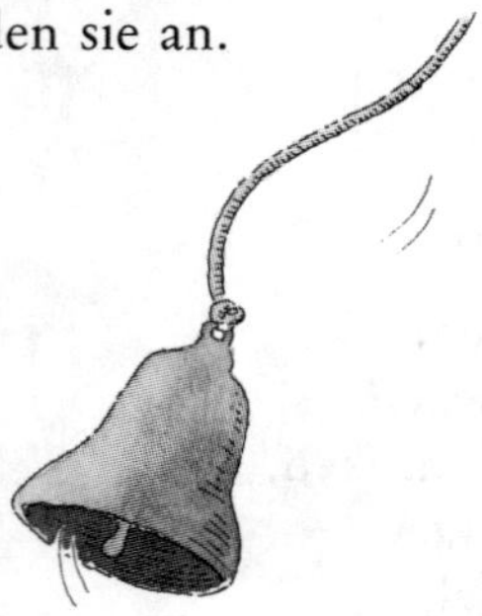

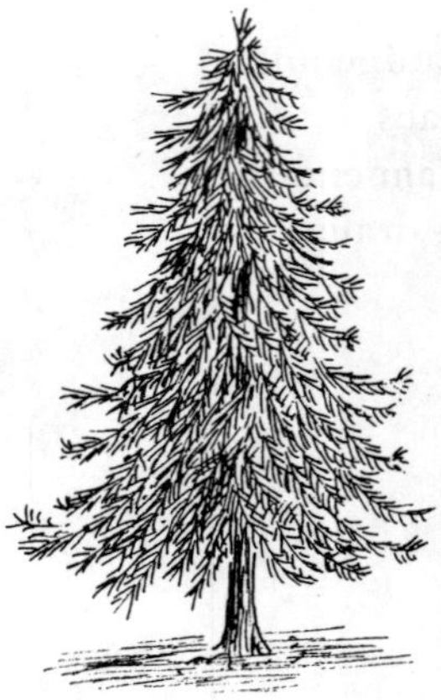

Rätsel

Bim, bam, bum,
selten bin ich stumm,
jede Stunde hört man mich,
Sonntag ruf ich feierlich
alle Menschen groß und klein,
jeden Festtag läut' ich ein.
Schwer im Turme häng' ich drin,
so, nun rate, wer ich bin.
(Glocke)

Was ist das für ein Bäumchen,
das auch im Winter blüht?
An jedem seiner Zweige
ein helles Kerzlein glüht.
(Christbaum)

Was grünt im Sommer und im Winter,
erfreut zur Weihnachtszeit die Kinder?
(Tannenbaum)

Welche Nadel taugt nicht zum Nähen?
(Tannennadel)

Ich kenne ein Bäumchen gar fein und zart,
das trägt euch Früchte gar seltener Art.
Es funkelt und leuchtet mit hellem Schein
weit in die Winternacht hinein.
Das sehen die Kinder und freuen sich sehr
und pflücken am Bäumchen
und pflücken es leer.
(Weihnachtsbaum)

Schnellsprechvers

Große Glocken klingen glong-glong, glong-glong,
kleine Glocken klingen klingeling, klingeling.

Anmerkungen
Eigene Ideen
Notizen

Lieder

Ein Hirt hat viele Schafe

Melodie und Text: Gertrud Lorenz

(Zu Mt 18, 12–14)

Aus:
Gertrud Lorenz,
„Singen und Spielen“,
Verlag
Konrad Wittwer,
Stuttgart

Aus dem Text kann sich ein Spiel entwickeln

2. Der Hirt kennt seine Schafe,
Eins läuft gern hin und her
und hüpft gern kreuz und quer,
und hüpft gern kreuz und quer.

3. Dies Schaf hat sich verlaufen.
Es sucht die andern sehr
und findet sie nicht mehr,
und findet sie nicht mehr

4. Der Hirt merkt, das Schaf fehlt.
Ganz plötzlich ist es weg.
Der Hirt sagt laut: O Schreck!
Der Hirt sagt laut: O Schreck!

5. Der Hirt beginnt zu suchen.
Er muß sehr lange gehn,
dann kann er sein Schaf sehn,
dann kann er sein Schaf sehn.

6. Er hat sein Schaf gefunden.
Er bringt es froh zurück
und lacht vor lauter Glück,
und lacht vor lauter Glück.

7. Der Hirt sorgt für die Schafe.
Und Gott sorgt sich um mich (dich).
Er läßt mich (dich) nicht im Stich.
Er läßt mich (dich) nicht im Stich.

Wie schön die erste Kerze brennt

Text: Lene Mayer-Skumanz
Melodie: P. Gottfried Vanoni

Aus:
„Auf dem Weg zur Krippe“,
Verlag Herder

Aufführung: einstimmig oder im Kanon (auch instrumental)

2. Der Kranz, der uns das Zeichen gibt, wie Gott uns nah ist und uns liebt, hat keinen Anfang und kein End – Wie schön die erste* Kerze brennt!

* zweite/dritte/vierte

Anmerkungen
Eigene Ideen
Notizen

Bald ist Jesu Geburtstagsfest

Text und Melodie: Franz Kett

Aus:
RPP 1979/4, S. 61
RPA-Verlag,
Religionspäd.
Arbeitshilfen GmbH,
Landshut

2. Der Tannenzweig soll Zeichen sein,
daß auch in kalter Zeit
die Hoffnung grünt, weil Jesus kommt.
Er wendet Not und Leid.

3. Das Kerzenlicht, das zündet an,
laßt leuchten seinen Schein!
Ein Licht auf unsrem dunklen Weg
will Jesus für uns sein.

4. Und dieser Stern, aus Stroh gemacht,
erinnert euch daran,
daß Jesus kam in unsre Welt
in einem Stall ganz arm.

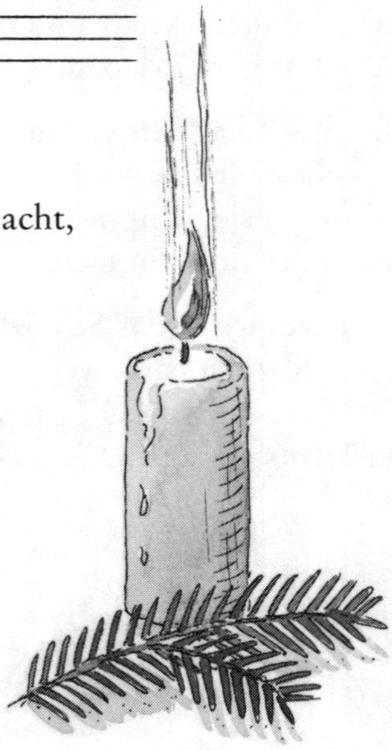

Alle Jahre wieder

Text: Wilhelm Hey (1790–1854) / Melodie: Friedrich Silcher (1789–1860)

2. Kehrt mit seinem Segen ein in jedes Haus,
geht auf allen Wegen mit uns ein und aus.

3. Ist auch mir zur Seite, still und unerkannt,
daß es treu mich leite an der lieben Hand.

Anmerkungen
Eigene Ideen
Notizen

Wir sagen euch an

Text: Maria Ferschel / Melodie: Richard Rudolf Klein

Aus:
Fidula-Cassette 28, „Martinslieder und Laternentänze", Fidula-Verlag, Boppard/Rhein

2. Wir sagen euch an den lieben Advent.
Sehet, die zweite Kerze brennt!
So nehmet euch eins um das andere an,
wie auch der Herr an uns getan.

3. Wir sagen euch an den lieben Advent.
Sehet, die dritte Kerze brennt!
Nun tragt eurer Güte hellen Schein
weit in die dunkle Welt hinein.

4. Wir sagen euch an den lieben Advent.
Sehet, die vierte Kerze brennt!
Gott selber wird kommen, er zögert nicht.
Auf, auf, ihr Herzen und werdet licht!

Jesus ist geboren

Text: Friedrich-Karl Barth, Peter Horst, G. Krenz / Musik: Ludger Edelkötter

Aus:
„Uns ist ein Licht aufgegangen"

2. Das Kind wird euer Bruder sein, wir euer Leben teilen.
Das Kind wird euer Friede sein, wird euch aus Liebe heilen.

3. Das Kind wird euch begleiten, ein Freund, der weiß was freuet,
der alle eure Ängste sieht und sie beim Namen nennt.

4. Ein Mann, der Armen helfen wird, der Armut auf sich nimmt.
Ein Mann, der Reiche stören wird, der aufdeckt, was nicht stimmt.

5. Jesus ist geboren in Bethlehem und überall.
Das Wunder, das uns menschlich macht, beginnt im armen Stall.

Anmerkungen
Eigene Ideen
Notizen

Ihr Kinderlein kommet

Text: Christoph von Schmid (1854)
Melodie: Johann Abraham Peter Schulz (1794)

2. Oh seht in der Krippe im nächtlichen Stall,
seht hier bei des Lichtleins hellglänzendem Strahl,
den lieblichen Knaben, das himmlische Kind,
viel schöner und holder als Engelein sind!

3. Da liegt es, das Kindlein, auf Heu und auf Stroh,
Maria und Joseph betrachten es froh;
die redlichen Hirten knien betend davor,
hoch oben schwebt jubelnd der himmlische Chor.

4. O beugt wie die Hirten anbetend die Knie,
erhebet die Händlein und danket wie sie,
stimmt freudig, ihr Kinder, wer wollt sich nicht freun,
stimmt freudig zum Jubel der Engel mit ein!

Wo Menschen sich lieben und hoffen

Text: Rolf Krenzer
Melodie: Paul G. Walter

Aus:
Rolf Krenzer,
„Deine Welt ist meine Welt",
Verlag Herder

Zu Bethlehem geboren

Text: Friedrich von Spee (1591–1635)
Melodie: Aus dem „Kölner Gesangbuch" (1638)

2. In seine Lieb versenken
will ich mich ganz hinab,
mein Herz will ich ihm schenken
und alles, was ich hab.
Eia, eia, und alles, was ich hab.

3. O Kindelein, von Herzen
will ich Dich lieben sehr
in Freuden und in Schmerzen,
je länger mehr und mehr.
Eia, eia, je länger mehr und mehr.

4. Dazu Dein Gnad mir gebe,
bitt ich aus Herzens Grund,
daß ich allein Dir lebe
jetzt und zu aller Stund.
Eia, eia, jetzt und zu aller Stund.

Anmerkungen
Eigene Ideen
Notizen

Mit Kindern können wir hierzu selbst ganz einfache Bewegungen erfinden.

Anmerkungen
Eigene Ideen
Notizen

O Tannenbaum, o Tannenbaum

Text: Ernst Anschütz (1824)
Melodie: Volksweise (1799)

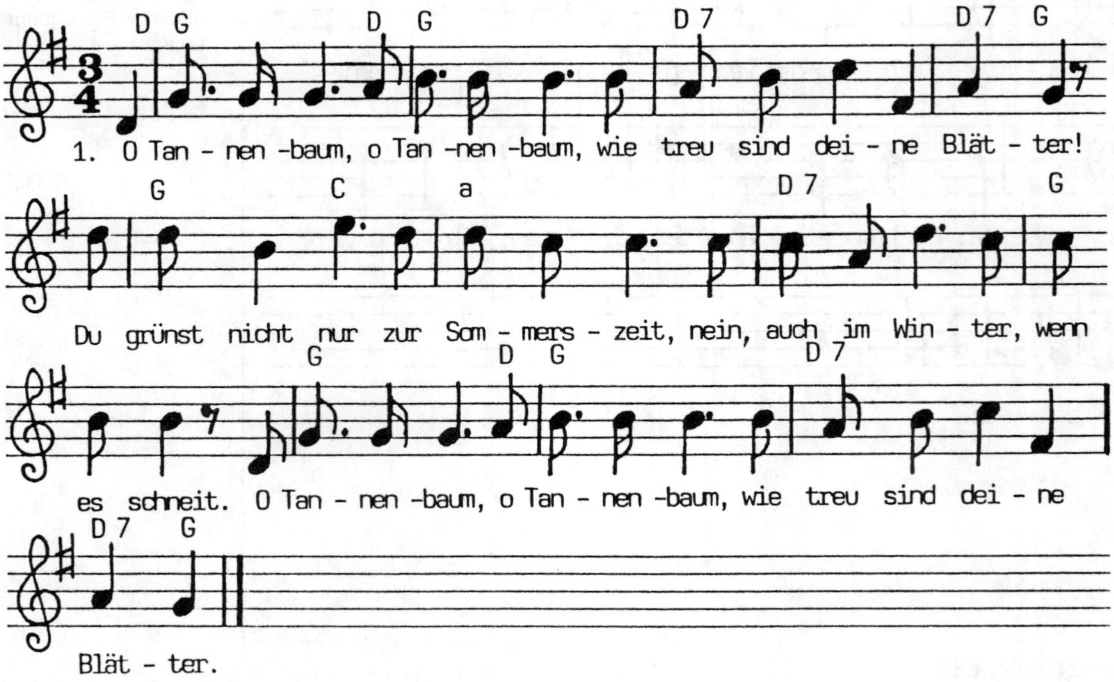

2. O Tannenbaum, o Tannenbaum,
die kannst mir sehr gefallen.
Wie oft hat nicht zur Weihnachtszeit
ein Baum von dir mich hocherfreut.
O Tannenbaum, o Tannenbaum,
du kannst mir sehr gefallen.

3. O Tannenbaum, o Tannenbaum,
dein Kleid will mich was lehren:
Die Hoffnung und Beständigkeit
gibt Trost und Kraft zu jeder Zeit.
O Tannenbaum, o Tannenbaum,
dein Kleid will mich das lehren.

Uns wird erzählt

Text und Melodie: Kurt Rommel

Aus:
„111 Kinderlieder zur Bibel"
hrsg. von Gerd Watkinson.
Christophorus-Verlag,
Freiburg/
Verlag E. Kaufmann, Lahr

2. Uns wird erzählt von Jesus Christ,
daß er von Hirten gefunden ist.

3. Uns wird erzählt von Jesus Christ,
daß er ganz arm geworden ist.

4. Uns wird erzählt von Jesus Christ,
daß er uns Bruder worden ist.

5. Uns wird erzählt von Jesus Christ,
daß er die Liebe Gottes ist.

Fremdsprachige Lieder

We wish you a merry Christmas

Aus England

2. Now bring us some figgy pudding,
   now bring us some figgy pudding,
   now bring us some figgy pudding
   and bring some out here!
   Good tidings ... (etc.)

3. For we all like figgy pudding,
   we all like figgy pudding,
   we all like figgy pudding,
   so bring some out here!
   Good tidings ... (etc.)

4. And we won't go till we get some,
   we won't go till we get some,
   we won't go till we get some,
   so bring some out here!
   Good tidings ... (etc.)

5. We wish you a merry Christmas,
   we wish you a merry Christmas,
   we wish you a merry Christmas
   and a happy New Year!

Noël, Noël

Aus Frankreich

(An Weihnachten, Weihnachten, das uns erleuchtet, sind alle Menschen glücklich.
Das ist das Fest der Kinder Weihnachten, Weihnachten)

Anmerkungen
Eigene Ideen
Notizen

Kreisspiele

Der Kranz, der wird geflochten

2. „Der Kranz, der wird gelöset, o herzensliebste ... mein.
Willst du mir helfen lösen, so komm und lös mit mir."

Spielvorschlag:
Die Kinder gehen, sich an den Händen fassend, im Kreis.
Bei * wählt die Erzieherin ein Kind, das seine Arme vor seinem Körper kreuzt und wieder anfaßt.
Dann gehen alle Kinder weiter. Die erste Strophe wird so oft gesungen, bis alle Kinder die Arme vor sich verschränkt haben.
Bei der zweiten Strophe geht alles wieder rückwärts.

Dreikönigslied

2. Die Heiligen Drei König mit ihrigem Stern;
wir suchen das Kindlein, den Heiland, den Herrn ...

3. Dem Kindlein, dem sein wir von Herzen so hold;
wir bringen ihm Weihrauch und Myrrhen und Gold ...

Nach der Huldigung:

4. Lebt wohl nun, ihr Leute, wir ziehen so fern,
die Heiligen Drei König mit ihrigem Stern ...

Anmerkungen
Eigene Ideen
Notizen

Die Heil'gen Drei Kön'ge

Die Heil'gen Drei Kön'ge aus Morgenland,
Sie frugen in jedem Städtchen:
„Wo geht der Weg nach Bethlehem,
Ihr lieben Buben und Mädchen?"

Die Jungen und Alten, sie wußten es nicht,
die Könige zogen weiter;
Sie folgten einem goldenen Stern,
Der leuchtet lieblich und heiter.

Der Stern blieb stehn über Josephs Haus,
Da sind sie hineingegangen;
Das Öchslein brüllte, das Kindlein schrie,
Die Heil'gen Drei Kön'ge sangen

Heinrich Heine

Manuelles Gestalten

Adventskranz binden:
Material – einen Strohkranz (er hilft Tannenreis sparen)
Tannenzweige (vorzugsweise Edeltanne – nadelt nicht so schnell)
4 rote Kerzen
bunte Bänder, Tannenzapfen ...
Blumendraht

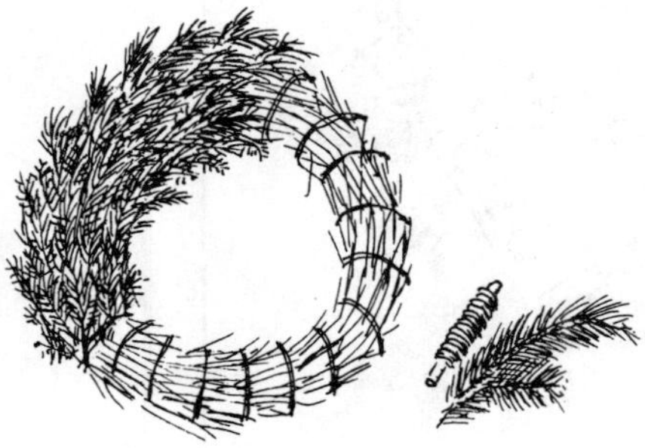

Adventslichter:
Material – gold/rote Alufolie – Teelicht Klebstoff

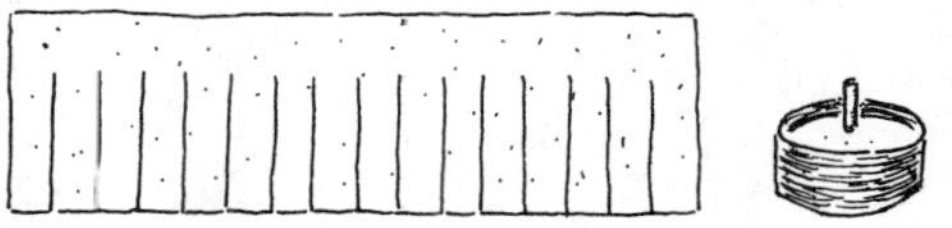

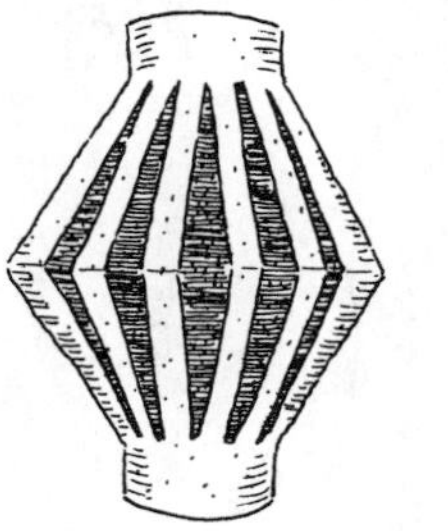

Adventskalender:
Adventskranz mit kleinen Päckchen – wichtig:
es müssen so viele Päckchen sein, wie Kinder in der Gruppe sind!

Außer einer kleinen Überraschung kann auch in den Päckchen noch zusätzlich ein Zettel sein, auf dem steht, wie man anderen eine Freude machen kann – z.B. einem anderen Kind beim Aufräumen, – beim Anziehen, – bei einem schweren Puzzle helfen; – der Mutter beim Schuheputzen, – beim Tischabräumen, – beim Geschirrabtrocknen helfen ...
Ebenfalls eine Freude fürs Kind – es darf sich ein Lieblingslied, -Tanz oder -Spiel wünschen.

Wandbehang aus Filz:
Mit aus Filz ausgeschnittenen und aufgeklebten Motiven. z.B. Nikolaus, Weihnachtsbaum, Adventskranz, Krippe ...
mit kleinen aufgenähten Ringen, an die man Päckchen hängen kann.

Anmerkungen
Eigene Ideen
Notizen

Adventszug:
Aus Streichholzschachteln gebastelt.
Mit Plakafarben bemalen oder mit Glanzpapier bekleben.

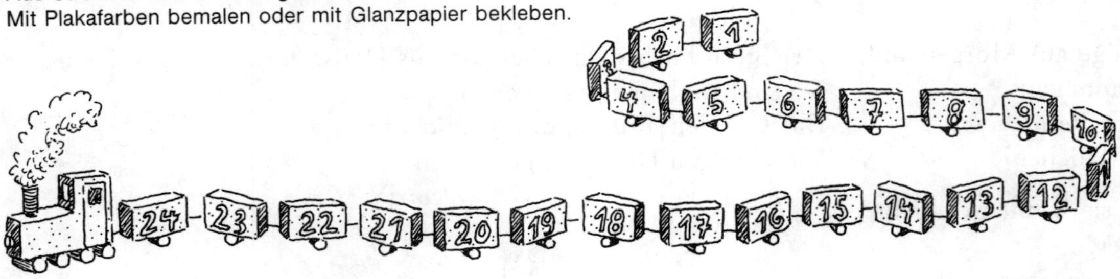

Adventskalender, Scherenschnitt – Sterne:
Material – Scherenschnittpapier (Tonpapier) Transparentpapier in verschiedenen Farben, Klebstoff.
Wir fertigen so viele Sterne, wie Kinder in der Gruppe sind.
Die Sterne werden an das Gruppenfenster geklebt. Jeden Tag wird ein Stern oder zwei Sterne abgehängt (je nach Kinderzahl) so, daß bis Weihnachten alle Sterne abgehängt sind. – Die Kinder dürfen ihre Sterne natürlich mit nach Hause nehmen.

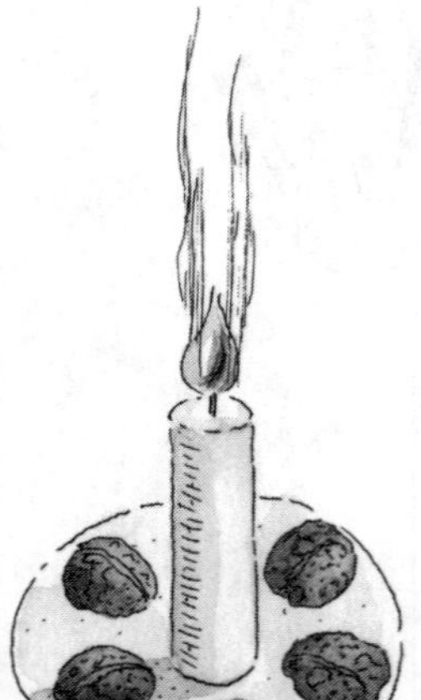

Kerzenständer:
Material – runder Bierdeckel, Alufolie zum Bekleben, halbe Walnußschalen, Kerze (auch als Weihnachtsgeschenk für die Eltern)

Malen:
Wir malen einen Adventskranz mit Buntstiften, Wachs- oder Wasserfarben.

Adventskalender – gemalt aus Kinderbildern:
Auf ihnen wird die Umwelt der Kinder dargestellt, z. B. Kinder beim Einkaufen, auf der Straße, auf dem Spielplatz, im Kinderzimmer, auf dem Spielplatz bei den Großeltern ... Die Bilder werden in bunt verzierte Umschläge gesteckt und im Gruppenraum aufgehängt. Jeden Tag wird ein Umschlag geöffnet und die Frage gestellt: „Was können wir dazu tun, daß es auf dem dargestellten Ort friedlich und fröhlich zugeht?"
Die besprochenen Bilder werden im Gruppenraum aufgehängt.

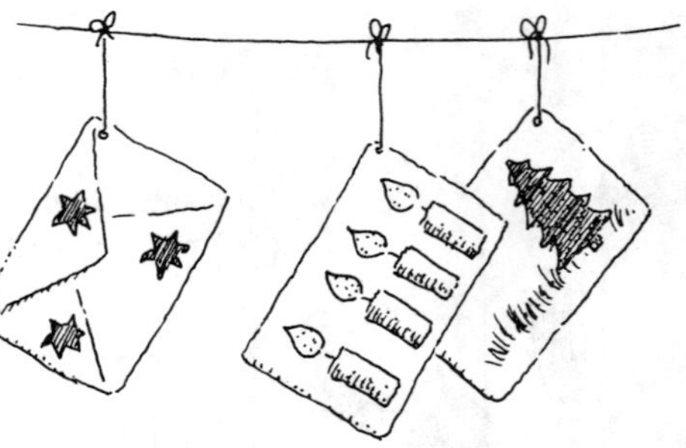

Christbaumschmuck:
Aus Alufolie-, Glanzpapier- oder Tonpapierstreifen – in verschiedenen Farben – kleben wir Ketten.

– aus Alufolie oder Tonpapier flechten wir Herzen.

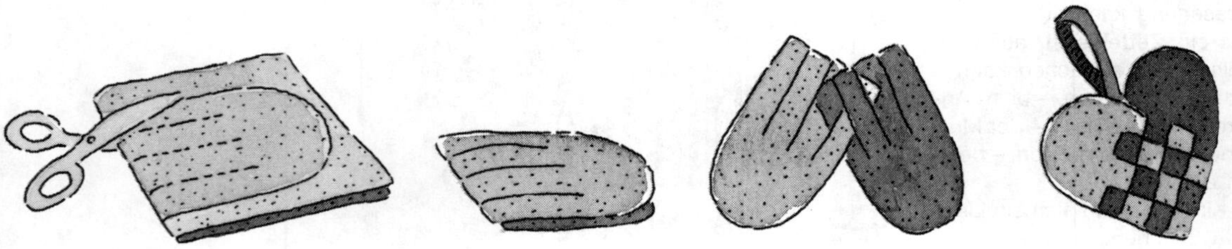

Anmerkungen
Eigene Ideen
Notizen

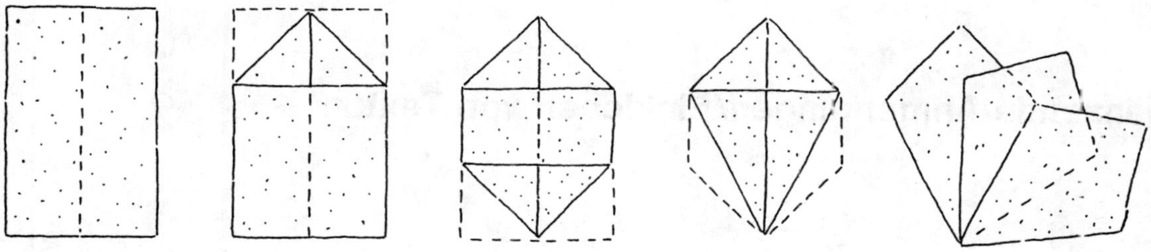

Fensterschmuck:
Sterne aus Transparentpapier – Grundform Rechteck, falten wie Drachen, immer halb übereinanderstehend zusammenkleben – bis Stern geschlossen.

Adventskalender – der Weg zur Krippe:
Jedes Kind malt sich selbst – an der Wand wird ein Krippenbild (leere Krippe) aufgehängt. Täglich werden nun ein oder zwei Kinderbilder (Kinder auf dem Weg zur Krippe) aufgehängt. Bis zur Weihnachtsfeier im Kiga hängen hängen alle Selbstbildnisse an der Wand. Nun kommt auch das Jesuskind in die Krippe.

Ebensogut kann man den Weg zur Krippe mit Teelichtern begleiten. Wir basteln uns einen Stall mit Krippe (leer). Täglich wird ein Teelicht mehr aufgestellt. Bis zur Weihnachtsfeier durfte jedes Kind ein Licht aufstellen. Jetzt, nachdem der Weg hell erleuchtet ist und alle Teelichter brennen, kommt das Jesuskind in die Krippe.

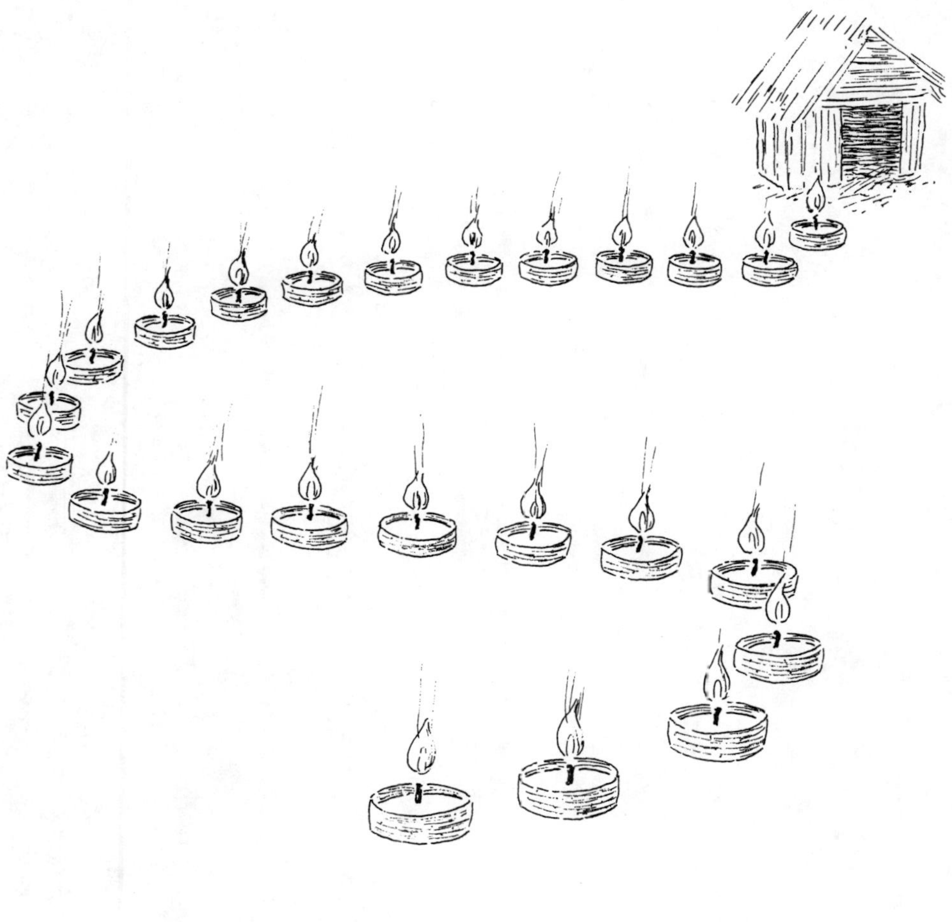

Für eigene ergänzende Anmerkungen/Einkleben von Texten

Weihnachtszeit

Gespräche

Ausgang

Bilderbücher

Backen

Geschichte

Reime

Fingerspiele

Rätsel

Schnellsprechverse

Lieder

Fremdsprachige Lieder

Kreisspiele

Manuelles Gestalten

St. Nikolaus

Gespräche

Bilderbücher / Sachbuch

Nikolauslegende

Geschichte

Reime

Rätsel

Fingerspiele

Lieder

Kreisspiele

Manuelles Gestalten

Sinnesübung

St. Martin

Gespräche

Ausgang

Rollenspiel

Backen

Bilderbücher / Dias

Geschichten

Märchen

Reime

Rätsel

Kreisspiele

Lieder

Singspiel

Manuelles Gestalten